久米一正

人を束ねる

屋グランパスの常勝マネジメント

GS
幻冬舎新書
255

まえがき

「おまえぐらいだよ、こんな晩に電話してくるやつは」
ヤツの嘆《なげ》く声が聞こえる。確かにそうだろうなぁ。何と言っても、西野朗《にしのあきら》（前ガンバ大阪監督）に電話を入れたのは11年のクリスマスイブだったのだから。西野があきれて、苦笑しているのが目に浮かぶようだった。もしかすると西野はムード満点のレストランで、いい夜を過ごしていたのかもしれない。悪かったね、じゃまして。

西野とは日立製作所サッカー部（現柏レイソル）で、選手として一緒に汗を流した仲である。東京・小平の社宅から毎朝、西野夫婦と一緒に電車で職場に通勤していた。その後、レイソルでは僕が強化本部長、西野が監督としてともに戦い、99年にナビスコカップ優勝を果たした。01年に僕が西野を解任するかたちになったため、世間では複雑な関係だと思われがちだが、まったくそんなことはない。

大した用もないのに、西野にはよく電話をかける。特に、お酒がちょっと入って、いい気分のときに。昨年のクリスマスの電話でも、他愛のない会話をした。

そのなかで当然、サッカーの話になった。

11年のJリーグ1部（J1）はレイソルが勝ち点72で初優勝を遂げていた。僕がゼネラルマネジャー（GM）としてチームづくりを任されている名古屋グランパスは勝ち点差1の71で2位、西野が昨年まで監督を務めたガンバは勝ち点70の3位に終わった。

僅差《きんさ》の勝負に敗れていたため、お互いに悔しさが胸にあった。だから、ついグチが出た。

「おい、西野、勝ち点71も稼いで優勝できないんだから、イヤになっちゃうよ」

サッカーの世界では「試合数×2」の勝ち点を積み重ねれば、優勝ラインを越えていると言われる。あるチームにホームで勝ち（勝ち点3）、アウェイで引き分け（勝ち点1）れば、合格という世界だ。つまり2試合で勝ち点4、1試合平均で勝ち点2を取れば、優勝の資格あり。

J1は18チーム編成の34試合制なので、勝ち点を68積み上げれば、普通は優勝できる。

18チームで戦った近年のJ1を振り返ると、05年のガンバは勝ち点60で優勝。06年の浦和レッズは72、07年から3連覇した鹿島アントラーズは順に72、63、66で優勝した。10年に初優勝したグランパスは72だった。そういうデータが残っているから、西野も僕に同意した。

「ガンバだって、勝ち点70で3位だよ。それはないよな」

2人そろって、ため息をついた。普通なら、優勝しているだろうに……。男同士でクリスマスに傷をなめ合ったようなもんだね。まあ、レイソルがそれだけ強かったということだ。

それにしても、11年のJ1優勝争いは因縁《いんねん》めいていた。三つ巴《どもえ》の争いをしたのが、レイソルとグランパスとガンバだったのだから。僕も西野も「レイソル育ち」であり、さかのぼれば「日立育ち」。レイソルに育ててもらい、レイソルを飛び出した。僕はレイソルやガンバとの対戦ではいつも燃えたし、西野もレイソルとグランパスには負けたくないと思っていたはずだ。

その3者が熾烈《しれつ》なタイトル争奪戦をした。どこも後に引かない、素晴らしい優勝争いだった。グランパスは最後の6試合をすべて勝っている。6試合で16ゴールも奪った。ガンバも最後の5試合は4勝1分けの負けなしで、レイソルにプレッシャーをかけた。

しかし、レイソルも最後の7試合を6勝1分けの無敗で走ったのだから、見事と言うしかない。ライバルに追いすがられても、重圧に負けなかった。まいりました。

グランパスは序盤戦でもたついたが、5月末から調子を上げて、7月17日に3位に浮上した。そのあたりから激しい優勝争いは始まっていた。そんななか、僕はそのうちガンバは失速すると予測していた。西野には申し訳ないけれど、李根鎬《イグノ》とラフィーニャが対戦相手に包囲され、点がとれなくなると思っていたからだ。2人が点を取れるのは、相手の運動量が少ない夏場だけだと考えた。だからガンバは落ちると読んだ。

そして、J1に復帰して1年目の開幕ダッシュに成功したレイソルについては「やっかいな存在だなあ」と感じていた。「もしかすると、最後まで走ってしまうかもしれない」とも思った。とにかくレイソルはチームがまとまっている。大黒柱のレアンドロ・ドミンゲスを除けば、スーパーな選手はいないが、選手みんなが同じ方向を向いていた。こういうチームは強い。

いまのレイソルは70点の選手が30人いるというイメージだ。対するグランパスは90点の選手が20人いる。しかし、残りの10人の点数が落ちる。90点の選手の調子がそろったときは強いけれど、そろわないと苦しくなる。今後は、底上げを図らなくてはいけない。

そういうわけで、11年はレイソルに勝ち点1差の2位に甘んじた。悔しいですよ、もちろん。勝負事は勝たないと気分が悪い。古巣に負けたので、なおさら悔しさがつのる。

だが一方で、レイソルが美酒を味わえて良かったな、とも思っている。僕は、レイソルのチームカラーである黄色に染まって、長く生きてきた人間なので。ともに働いたスタッフがいまも残っているし、僕が残してきたものも少しは生きているだろうから。

レイソルの優勝は見事だった。われわれは負けを潔《いさぎよ》く受け入れなくてはならない。優勝できなかったということは、力が足りなかったということだ。

グランパスの選手たちも本当によくやった。序盤戦でもたつきながらも、よく盛り返した。12月3日、最終節のアルビレックス新潟戦が終わった後、僕もドラガン・ストイコビッチ監督も、選手に「最後までよく頑張ってくれた」と声をかけた。

10年にJリーグチャンピオンになったことで、11年は対戦相手のグランパスに対する戦い方が明らかに変わっていた。グランパスの力がわかっているので、手堅い戦いをしてきた。なかなか攻めに出てこない。守備重視で、引いて構えてスペースを埋めてしまう。

しかも、チャンピオンにひと泡吹かせようという意気込みがある。王者を倒してお客さんを喜ばせようと、目の色を変えてぶつかってきた。そうなると、いくら力の差があっても、簡単にはゴールをこじ開けられない。世界ナンバーワンのFCバルセロナ（スペイン）だって、苦労する試合はある。チャンピオンのつらさが身にしみた、という感じなのだ。

連覇を目指すということは、こういうものなんだなと、つくづく思った。毎試合、挑戦を受けて、それをはね返さなければならない。ゴール前を固めた相手を、何とかして崩さなければならない。そういうなかで、アントラーズは07年から3連覇したのだから、すごい。なかなかできることではない。王者の真の苦しみについては、自分たちが優勝するまでわからなかった。レイソルも今年は必ず同じ目に遭《あ》うはずだ。

僕はレイソルに続き、清水エスパルスで強化担当責任者を5年務めた。その後、グランパスのGM（ゼネラルマネジャー）に就任したのが08年。それ以降、チームの順位は3位、9位、優勝、2位。チームの基盤ができあがり、常に優勝を争えるチームになったと思っている。

もちろん、それは僕の手柄ではない。10年に栄冠を勝ち取り、11年に優勝争いをしたのはストイコビッチ監督に率いられた選手たちだ。僕はその背後で、彼らがプレーしやすいように働いてきただけだ。

では、どうやって勝てるチームをつくってきたのか。GMの職務とはどういうものなのか。知られていないことが多い。本書はそれを詳しく紹介するためにある。

GMとは選手を集めるだけでなく、人を束《たば》ね、組織を円滑《えんかつ》に運営する職でもある。だから、サッカー界に限らず、あらゆる職種の方々にも参考になる話がたくさんあると思う。

私は自分の仕事の進め方を、商売がたきにも隠すつもりはない。どんどんオープンにしたいと思っている。レイソル、エスパルス、グランパスで強化担当のトップで働く間に培《つちか》ってきたノウハウをここで公開したい。

昨年末、ヴィッセル神戸の強化担当者が、僕の仕事のノウハウを教えてほしいと言って、グランパスのオフィスを訪れた。マニュアルや企画書など、ずらっと並んだ資料すべてを見てもらい、説明もした。さすがにコピーは渡さなかったけれど、何も隠さなかった。そこに役立つものがあるなら、他のクラブにもどんどん参考にしてほしい。自分で言うのはおこがましいが、僕のやりかたを吸収して、さらに受け継いでいってもらいたい。

私は今年で57歳になる。これまで築いてきたものをしっかりとした形で残しておきたい。それが、僕を育ててくれたサッカー界への恩返しだと思っている。

第5章 人材を集める 115

第7章 GMは教育者である 173

構成 吉田誠一
協力 寺野典子

※所属チームなどのデータは2012年3月6日現在のものです。

第1章 グランパス構造改革

ナマズになる

「ふにゃシャチを、ビシッとした、キレのいいシャチにします」

08年1月、名古屋グランパスのGMに就任した私は、新人選手たちとともに名古屋で記者会見に臨み、あいさつ代わりに変な話をした。説明しなければ何のことやら、わからないだろう。グランパスとは英語でシャチのこと。名古屋と言えば、名古屋城があり、名古屋城と言えば金のしゃちほこだ。だからクラブはグランパスを愛称に使っている。当時の名古屋のシャチは元気がなく、ふにゃふにゃだった。チームはJリーグの下位をさまよっていた。グランパスがふにゃふにゃでは、名古屋城のしゃちほこに申し訳が立たない。だから、私は訴えた。

「このまま放っておいたら、シャチは海に沈んでしまうかもしれません。だから、私はなんとか、そのシャチをビシッとさせるために名古屋へ来たんです」

ふにゃシャチなどと言われて、グランパスの関係者はカチンときたかもしれないが、真実なのだから仕方がないだろう。そして、こう続けた。

「ふにゃシャチを、ビシッとしたシャチにするために、僕はナマズになります！」

そう話すと、会場に詰めかけていた報道陣は、キョトンとした表情で僕を見た。

「訳のわからないことを言うおやじだなあ」と思っていたのだろう。

「どういうことですか？」という質問が出た。

初めてやって来たおっさんの変な話に、みなそろって「オヤッ」と思ったのだろう。こういう場でのスピーチでは相手の注意をひきつけなければならない。

「あなたたちは知らないんですか？」

私は一《いち》から説明を始めた。

「東京の築地市場には、活きのいい魚がズラリと並んでいます。その多くは全国各地の漁港から運ばれてきたものです。それはいまも昔も変わりません。輸送技術が発達した現在では、鮮度を保つというか、魚を生かした状態で輸送するために、酸素がぶくぶく出るような装置が使われています。しかし、昔はそういう装置がなかった。宮城県の気仙沼湾であがったイワシは福島あたりで、口をパクパクさせて浮きあがり、築地に着いたときにはほとんどが死んでしまっていた。活きのいいイワシでないと、高くは売れない。では、どうするか？　イワシと一緒にナマズを水槽に入れるのです。イワシはナマズに食われちゃいけないと思い、ピリピリする。緊張感を保っているから、築地に着くまでピンピンしているというわけです。私もこのナマズと同じ。ふにゃシャチをビシッとさせるためには、緊張感を生むための刺激が必要です。それは選手だけでなく、フロントのスタッフに対しても同じこと。私はナマズになって、選手やスタッフが仕事に邁進《まいしん》し、世界で戦える組織をつくろうと考えているのです」

グランパスの再建を託される

柏レイソルで8年、清水エスパルスで5年、私は強化担当責任者として働いた。

07年5月に妻を亡くした私は、秋になって、そろそろエスパルスを去るときかもしれないと思い始めていた。そして、ちょうど半年後の11月にはJリーグの3つのクラブから強化担当を務めてほしいというオファーが来た。長年の経験から、Jリーグにも日本サッカー協会にも顔が利き、他クラブにも影響力があり、人脈が広い点が買われたらしい。そのなかで、年俸額まで具体的に提示してきたのがグランパスだった。また、私が財力のないエスパルスにいながら、藤本淳吾《ふじもとじゅんご》（現グランパス）、兵働昭弘《ひょうどうあきひろ》（現ジェフユナイテッド市原・千葉）、本田拓也《ほんだたくや》（現アントラーズ）、岡崎慎司《おかざきしんじ》（現シュツットガルト）、岩下敬輔《いわしたけいすけ》という有力選手を次々と獲得した手腕も評価してくれたようだ。もちろん、彼らを獲得できたのはスカウトをはじめ、私の部下たちがスキのない仕事をしてくれたからであって、私だけの手柄ではない。

グランパスは05年にJ2落ちの危機に直面するほど低迷し14位。06年は7位まで順位を上げたものの、07年はまた11位まで落ちた。トヨタ自動車という世界的な企業がメインスポンサーについており、豊富な資金力のあるクラブが93年のJリーグ発足以来一度もリーグ優勝できずにいた。

「GMとして、低迷しているグランパスを立て直してほしい」

静岡まで足を運んでくれたグランパスの福島義広《ふくしまよしひろ》専務と小椋伸二《おぐらしんじ》強化部長はそう訴えた。熱のこもった誘いに心が動いた。最終的にグランパスで働く気になったのは、クラブの熱意を感じたからだ。熱意が感じられなかったら、私はどんな条件のいい誘いが来ても引き受けない。娘も息子も働いているので、お金はもう自分が普通に暮らしていけるだけあればいい。お金は死んだらあの世に持って行けないわけだし。

好きなサッカーにもう少し携わり、後継者を育てていき、ヨボヨボになったらオシメをつけてもらって、最後はお医者さんに「注射打って死なせてくれー」と言って、だれにも迷惑かけずに逝《い》くのが僕の理想の人生。だから、ただお金を積まれても僕はサインしない。

だが、グランパスの誘いには熱意があり、「何とかしてもらいたい」と心から思ってくれているのが、よくわかった。

しかし、自分勝手な決断はできなかった。

私はこの年の6月、エスパルスの常務取締役となっていた。立場が立場だけに、即答はできなかった。だから、私は2人に、

「非常にありがたい話です。でも私はエスパルスの常務という大役を担っています。ここですぐに結論を出すわけにはいきません。少し時間をいただきたいのです」

と伝えた。ライバルクラブへ移ることになるのだから、お世話になったエスパルスの幹部に

仁義をきる必要があった。そこで、まずはエスパルスの早川巌《はやかわいわお》社長と、メインスポンサーである鈴与の鈴木与平《すずきよへい》社長に手紙を書いた。

「あるクラブからオファーが来ています。助けてほしいと懇願《こんがん》されています」

事情を明かし、新天地でチャレンジしてみたいという思いをしたためた。

そして、最後にこんな一文を付け加えた。

「私の娘と息子にはこう言われています。『お父さんは長谷川《はせがわ》（健太《けんた》）監督と一緒にここまでエスパルスを強くしてきて、優勝までもう少しというところまで来た。それなのに、他のクラブからの誘いに乗って、ひょこひょことそっちへ行ってしまうのですか。それでいいんですか』と。しかし、2人は『お父さんの人生だから、お好きなように』とも言ってくれました」

手紙を読んだ鈴木社長も早川社長も快《こころよ》く了承してくれた。

「エスパルスもここまで強くなったし、久米君の人生なんだから、今度はグランパスで頑張ってくれ。グランパスはお金があるだろうから、ぜひ強くしてみせてほしい」

2人から激励の言葉をかけてもらい、非常にうれしかった。

それからエスパルスの取締役会で常務の職を解いてもらい、グランパスのGMに就任した。

私は討ち死にしたくない

三河、尾張というのは裏切りの多い土地だと言われている。戦国時代の歴史をたどると、裏切りや密謀《みつぼう》といった話がたくさん出てくる。東から西進してきた者は、この地で不幸な目に遭っている。今川義元《いまがわよしもと》は大軍を率いながら、桶狭間《おけはざま》の合戦で織田信長《おだのぶなが》に信じられないような惨敗を喫し、首を討たれた。徳川家康《とくがわいえやす》にしてもこの地で苦戦した。

三河、尾張の人たちは、味方についていたと思ったら、今度はあっちにつく。ついふらふらと強い者についていってしまうのだろう。筋が通っていないのだ。こんなことを書くと怒られるかもしれないが、ついでに言うと、この土地の人間は見栄っ張りでケチ。日立製作所の後輩が当時名古屋支店で働いていて、その彼にも、

「久米さん、この土地は本当に難しいですよ」

と言われていた。グランパスのなかでも、足の引っ張り合いがあって、組織がぐちゃぐちゃしたことがあったと聞いている。

こっちにすり寄り、あっちにすり寄りというのでは、進む方向がぶれてしまう。私が身を置いているのは勝負の世界。なおさら、そんなことがあってはならない。だから、「私を裏切らないでほしい」とスタッフに念を押すことにした。

08年1月、グランパスのフロント・スタッフを前に、最初の朝礼であいさつに立った私は、そんな歴史を踏まえて、こういう話をした。

血判状を出してもらう

「この地では、東からやって来た者が裏切られ、不幸な目に遭っています。この地の歴史をたどると、人間関係がごちゃごちゃしていることがわかります。グランパスがJリーグで優勝できないのは、そのせいではないでしょうか。私も東からやって来ましたが、討ち死にはしたくありません。みなさん、ぜひ私に力を貸してください」

初めてのあいさつで、こんな話をしたのだから、みんなは気を悪くしたかもしれない。私はとにかく、みんなの気持ちをひとつにしたかっただけだ。われわれはグランパスのために働くのであって、だれかのために働くわけではない。派閥をつくっていては、組織はまとまらない。全職員にはグランパスというクラブのためにまっすぐ進んでほしかった。

私はレイソルからエスパルスへ移ったときも、グランパスへ来たときも、1人で来た。かつての部下は連れてこない。職場で「久米グループ」のような派閥をつくってはいけないと考えたからというのもあるが、久米のために働くと考えるような部下は必要ないのだ。

私は、以前からグランパスで働いているスタッフの力で、クラブを改革したかった。そこにいる人を変え、組織を変え、「名古屋グランパスエイト」という会社のグレードを上げたかった。

私は就任早々、50人近いクラブのスタッフにこう告げていた。

「それぞれが、抱えている課題、やるべき仕事を整理したレポートを提出してほしい」

要求したのはそれだけではない。

「みなさんには誓いを立ててほしい。〝私はストイコビッチ監督を決して裏切りません。最後まで監督を支えます。すべてを捧げます〟と誓ってほしい。そして、もうひとつお願いがあります。各自、血判を押してもらいたいのです」

私のGM就任と同時に、ドラガン・ストイコビッチ監督が着任した。ストイコビッチといえば、かつてのグランパスのスター選手で、世界的な名手。ただし、監督の経験はなかったので不安視する声が内外から出ていた。

私は彼のカリスマ性を信じていた。そもそも、彼に監督経験があろうが、なかろうが、私はどこまでも彼を支える覚悟だった。

ストイコビッチ監督の就任は、私の契約前に決まっていた。自身が選んだ監督ではなかったが、そんなことは関係ない。グランパスはストイコビッチを監督に迎え、チームを託したのだ。何があろうと、みんなで支えるのは当然だ。

忠臣蔵の四十七士ではないが、全員が覚悟を決める必要があった。そうしなければ、クラブは正しい方向へと向かわない。

私の要求はあまりに時代がかっていたかもしれない。冗談だと思われても仕方がない要求だ。「ケッパン」という言葉がすぐに理解できなかったかもしれない。ポカンとした顔をした者がいた。困惑している者もいた。でも、私は本気だった。

生半可《なまはんか》な誓いでは困る。だから、全員に血判を押してもらいたかった。それぞれが、自ら親指を傷つけ、にじんできた赤い血で捺印《なついん》した。強化担当者に始まり、育成・普及のコーチから事務職員の女性に至るまでが、血判を押した。

合言葉は「監督のために」。われわれは血の誓いを立てたのだ。集まった血判状を見つめ、池渕浩介《いけぶちこうすけ》社長や福島専務が「ここまでするのか」と目を丸くしたことを、よく覚えている。

豊田章男社長のありがたい提案

名古屋市と豊田市に分かれている事務所を一体化したい。私は就任時からずっと、そう考えていた。

グランパスは事業部などが入った本社は名古屋市栄にあり、チーム統括部などの事務所は豊田市にある練習場に隣接したクラブハウス内にある。普及部の事務所はまた少し離れた場所だ。これでは一丸となりにくい。こういうところもグランパスの弱みになっていると感じた。

Jリーグで7度の優勝を誇る鹿島アントラーズが強いのは、スタジアム以外のクラブのすべての機能が一カ所にあり、フロントと監督、選手が毎日顔を合わせていることとも関係しているように思う。他にもエスパルスやガンバ大阪なども同様の環境にある。

スタッフが同じ場所で仕事をすれば連携をとりやすいだけでなく、クラブがどんな思想やビジョンのもとに動いているのか、ビジョンの実現のためにだれがどんな仕事をしているのかが、選手にも伝わりやすい。営業や事業の担当者が日々、クラブのために汗を流している姿を目にするのだから、選手のクラブへの忠誠心は高まるだろう。

10年11月、グランパスの取締役会は、Jリーグの初優勝まであと一歩というときに開かれた。この日、当初は出席する予定のなかったトヨタ自動車の豊田《とよだ》章男《あきお》社長（グランパス取締役）が突如、姿を見せていた。

議論が尽きたのを見計らったかのように、豊田社長が「ちょっとよろしいですか」と言った。

「久米GMの代理で、私が発言させてもらいます」

GMの私はオブザーバーとして出席していたので、発言はできない。その私に代わって話をするというのだから驚いた。

「先週、初めて久米さんたちの仕事場に行ったのですが、狭くて、汚いねえ。久米GMは優勝したら、事務所が入っているクラブハウスを建て替えてほしいと言っていますが、みなさん、よろしいですよね？」

別に事務所が汚いわけではないが、狭いのは事実だ。確かに私は、豊田社長に「そろそろクラブハウスを建て替えてはどうでしょうか」と話していた。ずうずうしく「近々、取締役会もありますので……」とも付け加えていた。

しかし、まさか豊田社長が取締役会に出席し、本当にそんな話をしてくれるとは思っていなかった。豊田社長の提案に出席者はみな、ワーッと盛り上がり、「優勝したら、ご褒美だ」ということになった。

「GM、これでよろしいでしょうか」

豊田社長がこちらを見た。私は立ち上がって黙って頭を下げた。

クラブハウスの増改築については、すでに基本設計が終わっている。新しいクラブハウスが完成すれば、各部署間や、選手と職員の連携がスムーズになるし、クラブの思想、方向性が共有しやすくなる。すべてのスタッフが選手と同じ空気を吸えるというのは、大事なことだ。

4000万円かけて厨房をつくる

この増改築のもうひとつの目玉は、育成組織の選手たちが食事をとれるようにするための食堂を設けることだ。激しい運動の直後の栄養摂取の必要性が叫ばれて久しい。

レイソル時代、ユース（高校生）やジュニアユース（中学生）でプレーしている子どもたちが、練習後、クラブの近所のコンビニにたむろしているのが問題になった。お腹を空かせた彼らは帰宅前にコンビニでパンやおにぎりを買って食べていたわけだが、近隣の住民には見苦しく映ったようで、「何とかしろ！」というクレームの電話がかかってきた。

いろいろ考えた結果、近所のラーメン屋さんに頼んで、ラーメンを一杯食べてから帰らせるようにした。しかし、練習後にいつもラーメンというのはいかがなものか……こうなったら、根本的に問題を解決するしかない。そこでクラブハウスの2階にあった選手のリラックスルームをつぶし、4000万円かけて厨房《ちゅうぼう》をつくった。その後、レイソルの育成組織の子どもたちは練習の直後に、しっかりとした食事ができるようになった。

グランパスとレイソルの育成組織の選手を比べてみると、体格が違うのがわかる。明らかにレイソルの選手のほうががっちりしている。練習直後に十分な栄養補給ができているかどうかの差が、そこに表れているのだと思う。レイソルの育成組織育ちの酒井宏樹《さかいひろき》や工藤壮人《くどうまさと》のがっしりとした身体つきをみれば、その成果がわかるはずだ。

10年までレイソルの育成組織の指導者として働き、現在はレイソルの強化部長になっている吉田達磨《よしだたつま》には「久米さんが厨房をつくってくれたおかげです」と感謝されている。

この経験があるから、私はグランパスのクラブハウス増改築で、何としても食堂をつくりたいと考えた。プロ選手だけでなく、育成年代の選手たちのために環境を整えてあげるのが、G

Mの仕事のひとつだと思う。

ときには「やらせ」もする

レイソル時代の環境整備について、もうひとつ触れておく。

日立柏サッカー場やクラブハウスなどレイソルの施設は、柏市日立台にある敷地にすべて収まっている。土地は日立製作所のもの。私はこの土地にある練習グラウンドのひとつを人工芝に替えたかった。全天候型のピッチが育成組織のために必要だと思ったのだ。各年代が順番にトレーニングをする育成組織では使用頻度が高いため、芝が傷みにくい人工芝のピッチは欠かせない。クラブでそういう話を進めていると、日立からストップがかかった。「日立の土地で、勝手にそんなことをするな」というのだ。

しかし、私は納得がいかなかった。なぜなら天然芝のピッチを管理するには1年で4000万円もかかる。10年で4億円。一方、人工芝に張り替える経費は1億円。その後の管理費はほとんどかからない。「人工芝のほうが経済的です」と訴えたが、許可は下りなかった。

こうなったら、奥の手を使うしかない。

私は近隣の住宅を一軒一軒回り、妙なお願いをしたのだ。

「苦情の手紙をレイソルに出してください」

天然芝のピッチだと、砂ぼこりや芝のかすが風に乗って飛び、洗濯物を汚す。

「そうでしょ、奥さん。困っているでしょ。だから苦情の手紙を書いてください。そうすれば、人工芝にしますから」

原子力発電所を巡って、「やらせメール」が問題になったが、私の場合は「やらせレター」だ。しかし、こちらは、砂ぼこりの問題は事実であるわけだし、その問題を「少しでも解決しましょう」ということなので、悪意はない。

やがてレイソルには苦情の手紙が50通も届いた。

「こんなに、苦情が来ているんですよ」

私は日立製作所に足を運び、手紙の束を見せつけた。こうなると、日立は折れるしかない。

いまある人工芝のピッチはこうして、できあがった。

どうか「やらせレター」問題を許していただきたい。

最初のミーティングでの3つの約束

08年、グランパスのGMに就任した私は選手たちに3つのお願いをした。

「美しい日本語で、あいさつをしましょう」

「茶髪はやめましょう」

「身だしなみを整えましょう」

まるで小学校の先生のお願いのようで情けないが、きちんとした組織をつくるには、こういうところから始めるしかない。だから、私は最初のミーティングで訴えた。

「ストイコビッチ監督はいつも丁寧な日本語で、〝おはようございます〟〝こんにちは〟〝さようなら〟〝おやすみなさい〟と言いますよね。それに対して、あなたがたはクラブの職員の方々にあいさつもしないじゃないですか。顔を合わせたら、きちんとあいさつをしましょうよ。そのほうが気持ちがいいでしょう」

あいさつの次は、身だしなみに関するものだった。プロ選手というのは、常にたくさんの人に見られている。ピッチ外でも注目されている。まずは、その点を意識してほしいと訴えた。

「女性からも男性からも好かれるようになってほしいのです。若い女性だけではなく、あなたがたのお母さんのような世代の女性からも好かれる存在になってほしいのです。それには、スポーツ選手にふさわしい、すがすがしい格好をしなくてはいけません」

だから、「髪の毛は染めずに、さっぱりとした髪型にしましょう」とお願いした。

選手にしてみれば、自分をアピールしたいという気持ちがあるだろう。人とは違う髪型で、個性を出したいのかもしれない。しかし、髪の毛の色や服装が個性と言えるのだろうか。そんなものは個性でも何でもない。個性というのは、内面からにじみ出てくるものだ。外見だけ変えて、「これが僕の個性です」なんていうのはおかしな話だ。

あいさつができて、身なりをきちんとし、規律をしっかり守ると、品格が備わってくる。そうすると今度は風格が出てくる。そういう選手たちの集団となれば、サッカーの神様が「そろそろグランパスに優勝させてもいいんじゃないか」と思ってくれる。口をすっぱくして言い続けた結果、2年後に神様は降りてきた。

新たな3カ年計画を策定した

グランパスは私が着任する前の06年に3カ年計画を策定していた。

06年＝「基礎づくり」の年。キーポジションの補強を進め、目標は「上位」。

07年＝「実践・安定」の年。日本代表クラスの選手を獲得し、目標は同じく「上位」。

08年＝「成熟化」の年。外国人選手の見直しを図り、目標は「優勝」。

実際の結果はどうだったかというと、06年が7位、07年が11位。それだけ低迷していたにもかかわらず、私が就任した直後の役員会で、こんな声が出た。「今年の目標は優勝なんだろう」

確かに、3カ年計画では08年は優勝となっている。しかし、それは無理な話だ。優勝は、チームが力をつけ、ベスト5の常連になってからではないと実現できない。常識的に言えば、中位以下にいたチームが急にタイトルをとれるものではないのだ。

11年、J2からJ1に復帰したばかりのレイソルがいきなり優勝を遂げたが、それは異例中の異例。そんなことは滅多《めった》に起きない。常識的には、優勝争いの常連になってから、その経験を積んで、頂点に立つものだ。

そう考えているので、私は役員会で強調した。「優勝するには、これから3年必要です」と。そして、09年からの新たな久米式3カ年計画を策定した。

まずトップ5を目指した

ストイコビッチ体制での初年度となる08年は「新3カ年計画への橋渡しの年」と位置付け、目標を「トップ5」に。そして、新3カ年計画では、09年以降の3年間の目標を「トップ5の確立とAFCチャンピオンズリーグ（以下ACL）出場」と定めた。さらに、次の3点を、この3年間に進めることにした。

①日本代表クラスと優れた外国人選手を獲得する。

②若手選手を日本代表クラスに育てる。
③育成組織の体制を充実させる。

やるべきことは、トップチームの強化だけではないのだ。優秀な選手を集めるためにスカウト体制を強化しなければならないし、育成組織の指導者を充実させなければならない。地元の大学、高校、中学、クラブチームとの連携を深めなければならない。そうやってクラブの地盤を固める必要があった。

また、新3カ年計画を実行するためには、クラブの役員の頭のなかを変えていかなくてはならないとも思っていた。優勝というのは簡単にできるものではない。優秀な選手を1人、2人取ったからといって、ポンと頂点に立てるわけではないということを役員に理解してもらいたかった。5位以内に3年ほど定着しているチームでないと優勝は難しい。それを知ってもらうために、取締役会でライバルチームの順位の変遷《へんせん》を見せた。

ガンバは2000年から順に6位、7位、3位、10位、3位ときて、05年に初優勝した。

浦和レッズは01年から順に10位、11位、6位、2位、2位ときて、06年に初優勝を遂げている。

その実態を知ってもらうために、3カ年計画の文書のなかに、近年の5位以内のチームの成績が一目でわかる表を付けた。

そしてもうひとつ、役員に把握してもらいたかったのは、グランパスの現状だ。グランパスが抱えている戦力がどの程度のものなのかを知ってもらいたかった。

そのため、私は春のキャンプで部下とともに所属するすべての選手を客観的に評価し、彼はAクラス、彼はBクラスという具合にランク付けをした。キャンプから戻ると、役員に選手の評価表を見せ、こう伝えた。

「いまの評価はこうです。優勝を狙うためには、これらの選手は力不足なので、数人、入れ替えなくてはなりません」

その時点での選手の力量を評価し、戦力アップのために選手を入れ替えていくのがGMの重要な仕事だが、そのためにも、役員に現状をはっきりと示し、すぐに優勝できる戦力ではないと理解させる必要があった。その点を理解してもらわないと、戦力補強のための費用を引き出せない。戦力が整っていないのに、「優勝しろ」と圧力をかけられたのでは、現場は困ってしまう。だから私は「まだ優勝は無理です。優勝するためには3年ください」と強調した。

目指すべき型を明確に定める

プロクラブには「ロマン追求型」と「そろばん重視型」がある。

チームづくりのプランを立てる前に、GMはロマンを追求するのか、それとも、そろばんを重視するのかを決めなくてはならない。

積極的な補強をして、ファンタジーあふれるゲームを追求し、常勝チームをつくるのが「ロマン追求型」。収入の裏付けなしに、そんなチームづくりを進めると経営が破綻《はたん》する。欧州では、時折、こういうクラブが現れる。

それに対して、「そろばん重視型」は、手堅い経営で中位、あるいはリーグ残留を最低限の目標としながら、自前で選手を育て、他クラブに売り収入を得る。華のある大物選手は保有できないので、組織力を磨いて戦わざるをえない。

クラブが大都市にあるのか、地方の小都市にあるのか、強力な親会社がバックについているのか、いないのかなど、置かれた環境によって、目指す型は変わってくる。クラブの経営的な〝体力〟に応じて軸を決め、「そろばん重視型」から徐々に「ロマン追求型」へ近づけていくというのが理想だろう。そして、「ロマン追求型」に近づけていくためには、〝善の循環〟をつくらなくてはならない。

収入が増えれば、補強ができて、チームは強くなり、入場者が増え、さらに収入が増える。簡単なことではないが、その循環をつくることが重要だ。07年にACLを制し、年間の売り上げを約79億円まで伸ばしたレッズはその循環をつくれたかに見えたが、いまは崩れてしまっている。

華麗なモダンフットボールを目指す

では、グランパスはどんなサッカーを目指せばいいのか。クラブの歴史をたどることから始めた。

アーセン・ベンゲル監督が率いていた95年からの1年半が最もいいサッカーをしていたのは明白《めいはく》だった。Jリーグの成績は95年が3位で、96年が2位。95年度の天皇杯では初優勝を果たした。

その2年間は現役だったストイコビッチが輝いていた時代でもある。われわれはそのときのサッカーをイメージして、グランパスが目指すサッカーを「魅力的で華麗なモダンフットボール」と定めた。前線とDFラインの距離をコンパクトに保ち、積極的なプレッシングでボールを奪取する。シンプルなプレーを心掛け、サイドから攻めてゴールを狙う。

このサッカーをするためには、インテリジェンスが欠かせない。また、果敢《かかん》なプレッシングをかけるため、泥臭さも必要になってくる。実際、ベンゲル監督のサッカーを継承するストイコビッチ監督はうまいだけの選手は使わない。泥臭く、ガツガツ当たりに行く吉村圭司《よしむらけいじ》やダニルソン、中村直志《なかむらなおし》を好んで起用している。

クラブワールドカップ出場を目指す

こうして、グランパスは08年にチームビジョンと目指すサッカーを定め、そのうえで09年からの3カ年計画を策定した。08年に新3カ年計画をつくり、09年からの3年間の目標を「トップ5への定着とACL出場」としたが、その2年目でリーグ優勝を遂げてしまった。しかし、これは私の就任から3年目のことで、役員に私が最初に「優勝するには3年ください」と言った通りになったわけだ。

優勝を決める前の10年秋からは、次の中期ビジョンの素案づくりに入った。11年はグランパスのメインスポンサーであるトヨタ自動車が協賛している「TOYOTAプレゼンツFIFAクラブワールドカップジャパン」が3年ぶりに日本で開催されるため、最重要年度と位置付けた。そこには明記していないが、ACLを制して、クラブワールドカップに出るというのが夢だった。

12年からの第3次計画（4カ年計画）では、目標をさらに上げて、「Jリーグでのトップ3の地位確立とACL優勝（クラブワールドカップでベスト4）」としている。

選手に言い訳をさせないためのマニュアル

選手とは「言い訳を探す動物」だと思う。見事なくらい、多種多様な言い訳を見つけてくる。

「宿泊するホテルが一流ではないじゃないですか。言っていたことと違いますよ」

「バスが遅れたじゃないですか」

「ピッチの芝の状態が悪いじゃないですか」

だから負けたというのだ。

「ふざけるな！」と言いたくなる。

だから、私は選手がひとつも言い訳ができないくらい、スキのない仕事をする。環境を整えて、「あとは選手のみなさんがピッチで頑張るだけです」「これで負けたら、君たちの責任だよ」と。過剰なサポートをするわけではなく、欠けてはいけないサポートを完ぺきにこなすということだ。

移動のバスは渋滞が予想されるなら、早めに出発させる。渋滞するかどうかを調べるのもフロントの仕事。そういう細かいところを想像できないと、選手に言い訳されてしまう。

完ぺきな環境を整えてしまえば、選手は言い訳ができない。では、どうやってスキのないサポートをするのか。私はそのために、完ぺきなマニュアルづくりに力を注いできた。その通りに仕事をこなせば、スキはできない。

世間では〝マニュアル人間〟などと、マニュアルについて否定的な意見もあるだろう。マニュアルというと無機的な響きを感じるかもしれない。しかし、決してそういうものではない。私は各部署の人間に自らマニュアルをつくらせている。それは自分たちの仕事を効率的に運ぶため、自分たちでつくった手引書なのだから、それに従って働くのは非人間的な行為だとは言えない。

これまで様々なマニュアルをつくった。もっとも、それが完成版というわけではない。新たな問題が生じたら、修正を加えていく。私の仕事場の棚には、そうしたファイルがずらりと並んでいる。

読めば、だれでも同じ仕事ができる

グランパスのマニュアルを読めば、その業務の担当者でなくても、だれもが仕事をスムーズにできる。

例えば、外国人選手の受け入れには多くの手続きが必要とされる。だから、マニュアルは細かいところまで明記されている。法的手続きは当然であるし、スリッパ、ゴミ箱などの日用品の手配、公共料金の連絡先なども居住区ごとに調べてある。何度も調べ直さなくていいので、職員のストレスも軽減されるし、何より、外国人選手の家族にも快適に過ごしてもらえるだろう。

また来日当初、選手たちは自宅から練習場へどうやって通うのかで悩む。だから、そうした点もマニュアルに明記している。

●車を貸与後、2、3回、自宅と練習場の間を並走し、道順を覚えさせる。

●自宅周辺のスーパーなどに案内し、買い物の仕方を教える。

●来日後、試合日に数回は自宅に迎えに行き、スタジアムまで車で並走し、道順を教える。

また、夫人が出産する場合も、落ち度のないように細かく記している。妊娠が判明したら、役場に「妊娠届」を提出して母子手帳をもらい、最寄りの産婦人科で定期健診を受ける。出産したら、14日以内に役場に「出生届」を提出する。その際に、病院でもらった「出生証明書」を添付する、などといった具合に。

しかし、ここまで細かいマニュアルがあっても、問題は起きる。問題が起きれば、マニュアルをリニューアルしていく。それはクラブの質、会社の質がアップすることにつながっていくのではないかと思う。

「名古屋はカネがある」は誤解

私がＧＭに就任してから、グランパスはジョシュア・ケネディ、田中隼磨《たなかはゆま》、田中《たなか》マルクス闘莉王《トゥーリオ》、金崎夢生《かなざきむう》、ダニルソン、千代反田充《ちよたんだみつる》（現ジュビロ磐田）、藤本淳吾、永井謙佑《ながいけんすけ》という有力選手を次々と獲得してきた。グランパスは大金を積んでいるから選手を取れていると思われているようだが、実際はそんなことはない。

チーム人件費は09年度が約23億５０００万円、10年度は約21億円、11年度は約21億５０００万円。この額はＪリーグのなかで突出したものではない。獲得時に支払った移籍金を単年で償却《しょうきゃく》するクラブと、複数年で償却しているクラブがあるので単純比較はできないが、09年度の数字を見ると、レッズがＪ１最高の約24億円、グランパスは２番目で、ガンバの約22億円、アントラーズ、川崎フロンターレの約19億５０００万円と続く。グランパスだけが特別大きな資金を補強につぎ込んでいるわけではないのがわかるはずだ。

10年に改正された国内移籍のルールでは、契約の満了した選手は移籍金ゼロで移籍できる。グランパスはそういう選手を優先的に狙っている。例えば、11年に獲得した藤本はエスパルスとの契約が10年シーズンで切れたので、移籍金が必要なかった。

ストイコビッチ監督は、当時、アルビレックス新潟にいたマルシオ・リシャルデス（現レッズ）を欲しがっていたが、彼を取るには移籍金などが２億円以上必要だったので断念した。移籍金のかからない藤本を取り、その分、他の選手の年俸を上げたほうがいいと判断した。

10年にレッズから獲得した闘莉王も、大分トリニータから取った金崎も、アルビレックスから来た千代反田も移籍金はゼロだった。できる限り、安く獲得できる選手を探すのが私の仕事である。

男気のある闘莉王が必要だった

それにしても、10年に闘莉王、金崎、ダニルソン、千代反田をまとめて獲得できたのは大きかった。なかでも闘莉王の獲得は重要な意味があった。彼抜きでは優勝できなかったと言ってもいいだろう。

守備力が上がり、セットプレーからの得点力がアップしただけでなく、彼が加わったことでチームの雰囲気、選手たちのメンタリティががらりと変わった。どことなく、おとなしかったチームに、根っからのファイターである闘莉王が魂を注入してくれた。

闘莉王のことは高校時代から注目していた。国体のときに、相手選手にひじうちを食らわせて退場になった試合も見ている。そのプレー自体はいいことではないが、闘志をむき出しにして、チームを引っ張っていた。

グランパスへ来てから、「おまえ、あのとき退場になっただろう」と昔話をすると、「えっ、久米さん、そんなところも見ていたんですか」と闘莉王は驚いていた。

あのハートの熱さとリーダーシップは魅力的だ。ガミガミとうるさいことを言い、ケンカ腰になることもあるが、それでいて気配りもできる。試合中に激情をあらわにするのは、チームメイトに刺激を与えるパフォーマンスではないかという気もする。いずれにしろ、闘莉王が大きな身ぶり手ぶりや声で同僚を活気づけることによって、チームは戦う集団へと大きく変貌《へんぼう》した。

ただ、闘莉王は何かと誤解されやすい選手なのかもしれない。

練習後、サインを求めるファンが待っていても、闘莉王はなかなかロッカールームから出てこない。だから、サービス精神が足りないと言われる。しかし、彼が出てこないのは、治療を受けたり、練習日誌をつけているからだ。どんな狙いで、どんな練習をしたのかを、すぐに反省を込めてしたためている。それは非常にプロフェッショナルな行為だと思う。

マスコミに対しての言動が横柄《おうへい》だ、という声もある。彼は何もメディアが嫌いなわけではない。ただ、勝っても負けても自分が取り上げられることに違和感があるのだ。だから、あえて口を閉ざすときもあるという。そのあたりも理解してほしい。外見からはわかりにくいが、闘莉王は非常に繊細《せんさい》で、気配りのできる人間だ。

私は特別なケース以外は選手と食事に行かないが、あるとき、楢崎《ならざき》正剛《せいごう》と闘莉王を連れて寿司店へ行ったことがある。そのとき私がトイレに立つたびに、闘莉王が私のコップの水滴《すいてき》をおしぼりでふいていたという。彼は自然にそういうことができる人間なのだ。

闘莉王と金崎の取っ組み合い

10年8月18日のアウェイでのフロンターレ戦を私はよく覚えている。

0－4で大敗した後、ロッカールームで闘莉王と金崎が取っ組み合いの大ゲンカをしたのだ。あの試合は、前半の流れは悪くなかった。そこで金崎や玉田圭司《たまだけいじ》がゴールを決めていたら、3－0で勝てたかもしれない。しかし、攻撃陣が変なボールの失い方をして、フロンターレに再三、逆襲を食った。闘莉王が出したパスを金崎が失う場面も多かった。闘莉王はそれがおもしろくない。ロッカールームに帰ってくると、いきなり金崎に罵声《ばせい》を浴びせた。

「おまえがボールを簡単に取られるから、こういう試合になったんだ!!」

金崎も黙っていなかった。

「オレだって、取られたかったわけじゃない!! だいたい、おまえのパスが悪いんだよ!!」

口だけでは収まらなかった。お互いに手を出し、つかみ合った。

翌日は練習を休み、8月20日、練習場にチームは集まった。大敗の後で、選手たちは意気消沈している。そんななか、ストイコビッチ監督が口を開いた。

「フロンターレ戦の後、なんか元気なのが2人いたなあ。試合とは別に激しく戦っていたようだけど。まあ、2人ともこっちに出てきてあいさつしたら」

そんな言葉に選手たちは爆笑し、当の2人は、ボソボソっと何かを話した。監督はすかさず、

「さあ、これで2人は仲良くなったから、みんな、よろしく」と言って、この件をうまくまとめた。実にあっさりしているが、裁《さば》き方としては申し分のないものだった。

闘莉王がすごかったのは、ここからだ。

次のガンバ戦で出場停止だった金崎が、8月28日の京都サンガ戦で戻ってきた。この一戦で金崎はゴールを決める。そのとき、金崎のところに真っ先に駆け寄ったのが闘莉王だった。最後方からまさに飛んでいって、金崎を抱きかかえ、揺さぶり、頭をぐりぐりやった。その喜び方は普通ではない。闘莉王はそういうことのできる人間なのだ。あれでチームは盛り上がった。取っ組み合いのケンカの後だけに、なおさらだ。あのシーンを目にして、闘莉王を獲得して本当に良かったと思った。闘莉王は自然体でそうしただけなのだろうが、このとき、チームが優勝へ向かう力がぐっと増した感じがしたものだ。

喜びを素直に表現できなかった初優勝

10年11月20日、初のJリーグ制覇を目前にしたグランパスは平塚競技場で湘南ベルマーレと

対戦した。

この年、グランパスは5月16日の第12節までは7勝1分け3敗の2位で、ワールドカップ南アフリカ大会のための中断期間に入った。まずまずの成績と言っていいだろう。中断があけると、チームは足取りを加速した。

第18節を終えた時点で首位に立ち、そのまま走った。第31節でグランパスがベルマーレを下し、同時刻に行われる試合で2位のアントラーズが白星を逃すと、グランパスの優勝が決まる。私は「この試合で決めなければいけない」と思っていた。

ベルマーレに勝てなかったとしても、もちろん優勝の可能性は残る。しかし、次節はホームでのFC東京戦。当然、サポーターは目の前での優勝決定を望んで押し寄せる。そうなると、選手たちは硬くなり、ぎくしゃくし、おかしなことが起こりうる。

だから、最下位でJ2落ちの決まっている相手に勝たねばならないと思ったのだ。

前半は0－0。後半はグランパスが試合の主導権を握り、66分のサイド攻撃から玉田が鮮やかなゴールを決める。そしてこの1点を守りきった。一方のアントラーズはアウェイのヴィッセル神戸戦を0－0の引き分けで終える。その瞬間、グランパスの悲願の初優勝が決まったのだ。Jリーグ参戦18年目での戴冠《たいかん》だった。

アウェイ側のゴール裏をチームカラーの赤で染めたグランパスのサポーターが喜びを爆発さ

せた。そこへ選手たちが駆け寄り、凱歌《がいか》を挙げた。いつまでも続く歓喜のとき。そんなシーンをテレビで見ながら、母と姉は私の泣き顔を探していたという。2人とも私の涙もろさをよく知っている。「カズマサのことだから、大泣きしているだろうね」

しかし、私に涙はなかった。レイソルで8年、エスパルスで5年の間、強化担当責任者を務め、グランパスのGMに就いて3年がたっている。私にとっても初めてのリーグ優勝だというのに。

正直に言おう。情けないことに、私はその日、体調を崩していたのだ。日ごろ、私生活について選手にガミガミうるさいことばかり言っている手前、書きにくいことだが、前々日に風邪をひき、その日は立っているだけでもつらかった。

悲願の初優勝を遂げたというのに、私ははしゃげなかった。もちろん、うれしくて仕方がなかったが、喜びを表現するパワーが出てこなかった。そんな体調だったが、どうしてもやらなければならない仕事があった。

「おい、豊田社長を胴上げしないで、どうするんだ」

ストイコビッチ監督の胴上げが終わった後、選手たちに素早く告げた。トヨタ自動車の豊田社長はその日、中国出張から戻ると、羽田空港から平塚まで駆け付けてくれていた。当時トヨタは米国でのリコール問題で揺れていた。そんなときだからこそ、豊田社長に優勝の喜びを存分に味わってもらいたかったのだ。

選手の輪のなかから青空へと舞う豊田社長を目にして、長年にわたるサポートへの恩返しが少しできたように思え、うれしかった。

制作にかかわったシャーレを手に

主将の楢崎は光り輝く銀のシャーレ（皿）を掲《かか》げた。

実は、Jリーグ王者に贈られるこのシャーレの制作に、私はかかわっている。93年に発足した当時のJリーグは2ステージ制をとっていて、両ステージの覇者がホーム・アンド・アウェイで対戦し、年間王者を決めていた。ステージ優勝したクラブにはカップを贈った。では、年間王者には何を贈ればいいだろう。議論を重ねるなかで目に留まったのがテニスのウィンブルドン選手権の優勝者が高々と掲げているシャーレだった。

ドイツのサッカーリーグ、ブンデスリーガの王者にも同じようにシャーレが贈られている。しかし、日本のスポーツ界ではトロフィーやカップはあってもシャーレはなかった。「斬新で格好いいではないか。あれをつくろう」ということになった。

そのシャーレの制作に、当時、日立製作所からの出向でJリーグ事務局長を務めていた私もかかわっていたのだ。

プロサッカーリーグの誕生は、日本のサッカー関係者の悲願だった。様々な課題にぶつかりながら、多くの関係者が夢の実現のために汗をかいた。そんななかでシャーレの制作作業は楽しいものだった。王者の証として存在し続ける1枚の銀皿は、サッカー選手、クラブ関係者、サポーターの目標であり、夢となるのだから。

シャーレのデザインはJリーグの川淵三郎《かわぶちさぶろう》・初代チェアマンが考えた。真ん中にJリーグのマークを入れて、その周りにはサッカーの試合の様々なシーンが描かれている。いいデザインだと思う。重さについても、重すぎて1人では持ち上げられないようでは困る。しかし、軽すぎてもいけない。持ち上げて、ずっしりと重みを感じるくらいがいい。

構想は固まった。しかし、日本ではつくれる会社がなかった。そこでイギリスの会社に制作してもらった。あのシャーレには、日本サッカーを強くしようとJリーグを立ち上げたサッカー関係者の熱い思いが込められている。

グランパスのGMに就いたとき、私は選手に懇願《こんがん》した。

「私が制作にかかわったシャーレを自分の手で掲げたい。力を合わせて取ってほしい」

しかし、優勝に縁のない選手たちには、そう言ってもピンと来なかったらしい。グランパスの選手たちは、ポカンとした顔をした。

「えっ、シャーレって何ですか？」

私は腰が抜けそうになった。

「アントラーズの小笠原満男《おがさわらみつお》が毎年、掲げているだろう、あれだよ」。

アントラーズは07年から3年連続でJリーグ優勝を果たしていた。楢﨑が大東和美《おおひがしかずみ》Jリーグチェアマンから受け取ったそのシャーレをついに手に入れたのだ。楢﨑が大東和美Jリーグチェアマンから受け取ったシャーレが、次々と選手たちの手に渡る。ストイコビッチ監督が笑顔で天に掲げた。

シャーレの重みに私は感激した。体調不良のため、シャーレを手に走り回ることはできなかったが、身体のなかには静かな喜びがあった。

11年の元日、アントラーズがエスパルスを破った天皇杯決勝が行われた東京・国立競技場で、たくさんのサッカー関係者から、リーグ優勝へのお祝いの言葉をいただいた。貴賓《きひん》席で日本サッカー協会名誉顧問の岡野俊一郎《おかのしゆんいちろう》さん、名誉会長の川淵さんと顔を合わせると、わざわざ席から腰を上げて祝ってくれた。周囲からの視線に敬意がこもっているのがわかった。やはり優勝すると違う。私のGMとしての仕事ぶりを評価してくださる方も増えた。GMという職にスポットライトが当たるのは、なによりだ。

私はホッとしていた。クラブのみんなのおかげで、ふにゃシャチをビシッとさせることができた。ナマズになった甲斐《かい》があったのだ。

第2章 激動の2011年

Jリーグ、全日程の中止を覚悟した

「なんだ!?」

両国駅を発車したJR総武線下り電車のなかで激しい揺れに突き上げられた。私はつり革につかまって立っていたのだが、ふっと浮き上がったような感じになった。しかも揺れはなかなか収まらない。地震が、それもかなり大きな地震が起きたことはすぐに理解できた。電車は錦糸町駅手前で緊急停車した。

即座に時間を確かめた。3月11日午後2時46分だった。

「チームは今頃、どこにいるのだろうか?」

翌日に予定されていたベガルタ仙台戦のために、名古屋グランパスの18名の選手とスタッフは、仙台へ向けて移動しているはずだった。彼らは名古屋から何時の新幹線に乗る予定だったか? 確か2時半過ぎだったはず。新幹線は動いているのだろうか?

電車のなかはそれなりに混んでいた。こうなると、〝車内で携帯電話を使わない〟とは言っていられない。ほとんどの乗客は、携帯電話を取り出し、どこかに電話をかけ始めた。

私も数カ所に電話をかけてみた。ところが回線がパンクしたようで、だれとも連絡はとれない。チームがどうなっているのかもわからない。

近くの乗客が音を大きくしてワンセグ放送で地震関連のニュースを見ていたので、私も耳をそばだてた。震源は三陸沖で津波警報が出ていた。

「東京は震度5だって」

止まっている電車のなかで、再び揺れが始まった。電車が停車していたせいか、本震よりも、余震のほうが怖く、早く狭い車内から抜け出したかった。

いつまでこの状態が続くのかわからないが、すぐには電車は動かないだろう。携帯電話のバッテリーを大事にしようと思い、ワンセグ放送は見なかった。電話がつながったときに、バッテリーが切れていたのではバカバカしい。

やがて、立っていた女性が急に座り込んだ。狭い車内で気分が悪くなってしまったのだろう。僕は咄嗟《とっさ》に座っている人達に声をかけた。

「体調が悪いみたいだから、席を譲ってくれないか」

すんなり同意する人、ややブスっとしながら渋々立つ人もいたが、4〜5人ほどが席を譲ってくれ、その女性を横にしてあげた。そして、みんなで電車の窓をあけ、空気を入れかえた。

いつまでたっても運転は再開されず、1時間半近くたち、結局、錦糸町の駅まで400メートルほど歩くことになった。線路を歩きながら、本八幡（千葉県市川市）での所用について考えた。錦糸町駅前のタクシー乗り場には長蛇《ちょうだ》の列ができていた。ここでタクシーをつかまえても、道路は渋滞しているはずだと思い、とりあえず、本八幡方面へ歩きだした。

しかし、錦糸町から本八幡駅までは6駅あり、おおよそ15キロくらいの道のりだ。やはり歩いて行くには遠すぎる。私は途方に暮れながらも歩き続けた。少したつと、空車のタクシーが偶然目の前を通ったので、必死でつかまえた。そのおかげで本八幡での用事を済ませることができた。

車中でチームとも連絡がとれた。名古屋では震度4を記録し、チームが乗った東海道新幹線のぞみ号は三河安城駅の手前で緊急停車したという。40分ほどで運転を再開したが、前の列車がつかえているため浜松を過ぎたあたりで再び止まってしまい、そこからは車内で身動きがとれない状態が続いたそうだ。午後8時過ぎに掛川駅でようやく下車することができ、呼び寄せたチームバスで名古屋へ引き返した。通算6時間近くも新幹線の車内に閉じ込められていた。

Jリーグ事務局はこの事態に迅速《じんそく》に対応し、午後5時半には3月12、13日に予定されていたJ1、J2の全19試合の中止を決めていた。

私は東京・赤坂のホテルを予約した。とはいえ都内の交通網は麻痺《まひ》している。調べてみると、都営地下鉄が動き出していたので、地下鉄で九段下まで行き、そこからタクシーに乗って赤坂に着いたときは深夜1時半になっていた。

翌朝、東海道新幹線は動いていたので早朝に東京を出た。

サッカーをやっている場合ではなかった

3月13日に私はストイコビッチ監督と話し合い、15日から21日のチームの活動休止を決めた。被災した鹿島アントラーズも15日に無期限の活動休止を発表したが、チームの一時解散を一番早く決断したのはグランパスだったと思う。

監督は「被災地の人々のことを思うと、サッカーをしていられない」と言った。楢﨑正剛ら選手たちも「こんなときにサッカーをしていていいのでしょうか」と漏らした。私も同感だった。

監督は16日に日本を離れ、フランスの自宅に戻った。外国人選手も国に帰った。外国人が気にしていたのは福島の原発の状態だった。チェルノブイリの事故の記憶が鮮明に焼き付いているため、欧米人は日本人より放射能問題に敏感だ。福島の原発事故による被害がどう広がるのかが予測できたのだろう。フランスなどは日本在留者に退去勧告を出していた。Jリーグの外国人選手や指導者は次々と日本を離れた。それは当然の判断だろう。

再開前、チームにかけたひと言が余計だった

10年シーズンのJリーグ王者となったグランパスは、11年シーズンはJリーグと並行してA

CLを戦うことになっていた。

2月に大分県の別府でキャンプを張り、選手たちは身体をつくった。

11年の目標は「ACLを制して、クラブワールドカップに出場する」と定めていた。支援してくれているトヨタ自動車をはじめとする企業やサポーターに恩返しをしたかった。

2月26日に天皇杯優勝チームのアントラーズと富士ゼロックス・スーパーカップを戦い（PK戦での勝利）、3月1日のACL初戦（アウェイ）で杭州緑城（中国）に敗戦。3月5日のJ1開幕戦（ホーム）は横浜F・マリノスと引き分けていた。

ここまで滑り出したところで、震災に見舞われ、練習を休止する事態になった。

Jリーグの再開は4月23日。そのため、柏レイソルのように再度合宿を行い、心身ともにコンディションを立て直すクラブもあった。しかし、グランパスにはそんな時間の余裕はなかった。ACLの試合は長期中断もなく、開催されるからだ。

3月15日に予定されていた第2節ホームでのアルアイン（アラブ首長国連邦）戦は4月12日に延期されたが、第3節のFCソウル戦は、予定通り4月6日に名古屋で行われるので、3月22日からの練習再開を決めた。

どちらかというと、グランパスは開幕当初の春先はのらりくらりと戦い、夏へ向けてゆっくりと調子を上げていく傾向がある。ジャンボ機のように長い距離を滑走して、ゆっくり離陸するのだ。しかし、11年は４月にＡＣＬが３試合、Ｊリーグが２試合と試合が立て込むことになった。

「今年は戦闘機のように、ぐいっと離陸してほしい。ジャンボ機のようにのんびり離陸するようではダメだ」

再始動にあたって、私は選手たちに、そう訴えた。

しかし、結果的には、これがあだとなったような気がする。「戦闘機のように」などと言わないほうが良かったのかもしれない。身体づくり、チームづくりを急がせたがゆえに、ケガ人が続出してしまったのだ。

中盤の要《かなめ》のダニルソン、得点源のジョシュア・ケネディ、ＣＢ（センターバック）コンビの闘莉王と増川隆洋《ますかわたかひろ》、サイドアタッカーの金崎夢生、夏にはＧＫ（ゴールキーパー）の楢﨑。１年を通して、中心選手に故障が多発した。特に春先はダニルソンの故障離脱が響いた。ボランチを１人で危なげなくこなせる選手がいなくなり、布陣、選手の起用法が微妙にずれてきた。

心と身体がマッチしていなかった

震災の影響は大きかった。ＡＣＬがあったため、Ｊリーグ戦の再開前に合宿ができずフィジカルコンディションの調整が難しかっただけではない。震災は選手の心理面に影を落としていた。本当にサッカーを始めていいのだろうかという、わだかまりが彼らの胸にあった。

私自身にも引っかかりがあった。グランパスだけでなく、ACLを戦ったアントラーズやガンバ大阪、セレッソ大阪の選手たちもすっきりしないまま試合をしていたのではないだろうか。見ていると、心と身体がマッチしていないのがよくわかった。

しかしグランパスの選手たちは、懸命に戦い、まずまずの戦績を残したと言っていい。グループステージ最大のライバルであるFCソウルとはホームで引き分けた。同じくホームでアルアインに勝利した後、アウェイでFCソウルを2－0で破った。この3試合で金崎が3ゴール、新人の永井謙佑が2ゴールを決めている。

ACLのグループステージは3勝1分け2敗の勝ち点10で、F組2位で決勝トーナメントへ進出。しかし、2位での通過だったため、ラウンド16はアウェイでの一発勝負になった。

グループステージ最終戦、5月11日のアルアイン戦に敗れたのが痛い。この中東遠征にグランパスは若手中心で挑んだ。試合には18名が登録できるが、17名しか連れて行かなかった。

すでにグループステージ突破が決まっていたし、ホームで4－0で下した格下相手との試合だったためだが、5月15日にJリーグのヴァンフォーレ甲府戦が控えていたことが一番の理由だ。中東遠征から帰国した翌日には甲府へ向けて移動しなければならない。だから、故障の闘莉王、金崎はもちろん、楢﨑や玉田圭司ら主力を遠征メンバーから外した。その結果、よもやの1－3の完敗となった。

おまけに、ヴァンフォーレ戦も同じく1－3の敗戦。この悪い流れで迎えたACLラウンド16も水原三星（韓国）にアウェイで敗れて、ACL敗退が決まる。

「アジアを制して世界へ」という夢はもろくも崩れさった。

本気でACLをとりにいきたい

07年に浦和レッズ、08年にガンバがACLを制し、アジア王者に輝いている。しかし、その後、Jリーグ勢はACLで思うような結果を残せていない。11年はセレッソだけが8強に進出したが、準々決勝で全北現代（韓国）に敗れた。アウェイの第2戦で1－6の大敗を喫した。

韓国勢、中東勢が力を増し、09年に浦項スティーラーズ、10年は城南一和（ともに韓国）、11年にはアルサド（カタール）が大会を制した。水原三星の会長によると、韓国勢は「国内リーグを度外視して、アジアのタイトルをとりにいっている」という。その結果、ACLは非常に厳しい大会になっていて本腰を入れて臨まないと、とても優勝はできない。

もちろん、グランパスは12年もアジアの頂点を目指す。クラブワールドカップは今年も日本開催なので、アジアを制することが今シーズンの大きな目標になる。

グランパスのグループステージの相手は城南一和、天津泰達（中国）にセントラルコースト

（オーストラリア）となった。オーストラリアへの移動には8時間もかかる。決勝トーナメントに進めば西アジア勢との戦いも待っている。広いアジアを制するには、長旅の疲れや時差ボケ、食文化の違いなど、克服しなければならない問題がたくさんある。

ところで11年のクラブワールドカップにはJリーグ王者の柏レイソルが開催国代表として出場し、4位になった。Jリーグ勢がACLを制覇していれば、開催国枠は使われない。つまり、グランパスなどがACLで敗退したため、レイソルに出場のチャンスが巡ってきたのだ。

ACL出場4チームは、震災直後のコンディションが整わないうちに、ACLとJリーグの厳しい試合日程をこなした。あの苦しい日々を思い出すと、レイソルにおいしいところだけ持って行かれた感じがして、正直悔しい。開催国枠などなくして、アジア王者だけがクラブワールドカップ出場の権利を手にするというほうがすっきりする。そう言いたいのだが、きっと負け惜しみにしか聞こえないだろう。

ベガルタは神懸っていた

水原三星に敗れたのが5月25日。アジアの頂点への道なかばで敗退したダメージは大きかった。Jリーグでもこの時点で1勝3分け2敗の勝ち点6で12位に低迷していた。首位には勝ち点16のレイソル。勝ち点差は10もあったのだ。

ここから、よく盛り返したものだと思う。5月29日のアビスパ福岡戦以降、15戦負けなし。7月9日のヴィッセル神戸戦からは7連勝と白星を重ね続けた。

一連の戦いのなかで、印象に残っているのはやはりベガルタ戦だ。7月2日、ユアテックスタジアム仙台には1万8533人の観客が詰めかけていた。震災後ではこの時点で最多の観衆だった。ベガルタを後押しするサポーターのただならぬパワーを感じた。

この時点でベガルタは4位。自分たちのプレーで被災した地域住民を勇気づけるのだという覚悟が見えた。傷心した市民がたくさんいるなかで、サッカーをやらせてもらっているのだから何か恩返しをしなくてはならないという責任感も見えた。サッカーと真摯《しんし》に向き合い、執念を燃やし、一つひとつのプレーに心がこもっている。

ベガルタは10年に7シーズンぶりのJ1昇格を果たしたが、下位をさまよった。第6節からは14戦白星なしと苦闘。J2再降格の危機に陥ったが、勝ち点39の14位で何とかJ1に残留したチームだ。

11年はかつてJリーグ得点王になったFWのマルキーニョス（現マリノス）を補強したが、震災にショックを受け、わずか1試合の出場で退団した。同じく新戦力で経験豊富な柳沢敦《やなぎさわあつし》も春先から故障に泣いた。他に角田誠《かくだまこと》、松下年宏《まつしたとしひろ》らを入れて的確に補強していたが、上位に食い込むと予想した関係者はほとんどいなかった。就任4年目の手倉森誠《てぐらもりまこと》監督も「1ケタ順位」を目標に掲げていたくらいだ。

そのベガルタは開幕から12戦負けなしと、快調に飛ばした。私はベガルタに神懸《かみがか》り的なものを感じた。闘莉王も同じように感じたという。何しろ、これは入っただろうというグランパスのシュートがどういうわけか、3本も4本も外れた。ベガルタのサポーターが叫び続けるスタジアムは、相手を退けるパワーに満ちていた。こういう言い方をすると失礼かもしれないが、

「ここで勝っちゃいけないんだな」

と思わせるものがあった。

試合は前半終了間際に北朝鮮代表の梁勇基《リャンヨンギ》に先制されたが、オウンゴールで何とか追いつき、試合は1－1の引き分け。ベガルタにはその後8月20日のホームでの対戦で0－1と敗れている。これは5月15日のヴァンフォーレ戦以来、3カ月ぶりのJリーグでの敗戦だった。異様なほどのパワーを発していたベガルタに無敗記録を止められたのだ。

被災クラブであるベガルタはハンディをはね返して、勝ち点56を積み上げ、過去最高位の4位でフィニッシュしている。

新加入の2人がチームを救った

11年は清水エスパルスから藤本淳吾、福岡大から快足ルーキー永井を獲得していた。

藤本のことは桐光学園高校（神奈川）、筑波大学時代を通じて、ずっと注目していた。私がエスパルスの強化育成本部長のときに、アントラーズなどとの争奪戦を制して獲得した選手である。プロ１年目の06年にJリーグ新人王に輝いた。

08年に左ひざと足首に全治３カ月の故障を負い、しばらく低迷していたが、10年にエスパルスの攻撃の軸として働き、日本代表にも３年ぶりに復帰した。

私がグランパスのGMに就任すると、ストイコビッチ監督は08年のオフから「エスパルスの10番（藤本）が欲しい」と注文し始めた。僕は「まだ取れない。長谷川健太が監督をしているうちは」と返答した。

健太とはエスパルスでともに戦ってきた仲だ。その健太から中心選手である藤本を奪うわけにはいかない。それが仁義というもの。だから、「待ってほしい」とストイコビッチ監督を諭した。

しかし、10年、健太が監督を退任することになった。ときが来たのだ。

実は藤本がグランパスでチームになじむには少し時間がかかるだろうと思っていた。その予測に反して、彼はすぐにフィットした。左足のキックは精度が高く、プレースキックがグランパスの大きな武器になっている。移籍１年目からエスパルス時代と変わらぬ活躍で、２年連続のベストイレブンに輝いた。

永井のことも九州国際大学付属高校のときから目を付けていた。福岡大学3年だった10年1月のイエメン戦で日本代表デビュー。ワールドカップ南アフリカ大会のバックアップ・メンバーに選ばれたのは、将来の日本を背負う選手として期待されてのことだった。同じく10年の広州アジア大会ではU－21代表として出場し、得点王になっている。

永井には並外れたスピードがある。規格に収まっておらず、粗削りなところがあるが、それがいいのだ。日本サッカー界に、同じようなうまい選手が増えているなかで、永井の存在は際立つ。将来の玉田の後継者という位置づけで、ケネディがいないときは1トップとして使える。

永井はその力を11年の開幕戦でいきなり発揮している。3月8日のマリノス戦で途中出場すると、0－1の終了間際に強引なドリブル突破で中澤佑二《なかざわゆうじ》、栗原勇蔵《くりはらゆうぞう》という日本を代表するDFを置き去りにし、ペナルティエリア内で栗原の反則を誘い、PKを得た。これをケネディが冷静に決めて、引き分けに持ち込んだ。

白星を逃したマリノスの木村和司《きむらかずし》監督（当時）は「あれはスピード違反やないんかね」と言った。悔し紛れの発言だろうが、そこには賛辞も含まれていた。

しかし、残念ながら、永井は金崎とともにU－23代表としてロンドン五輪予選を戦うためにチームを離れることが多かった。ストイコビッチ監督と私は「2人をいないものとして戦おう」と確認し合っている。その考えをもとに、ストイコビッチ監督はケネディ、玉田、小川佳《おがわよし》純《ずみ》を攻撃の軸に据えた。永井は途中出場が多くなったが、力を出してくれた。特に春先のACLでチームに大きく貢献した。

ただし、課題も見えた1年だったと思う。スペースがあるとスピードを誇る永井は生きるが、相手が引いて構えると持ち味が出せなくなった。そうなったときにどうするか。その課題を12年のシーズンに解消しなくてはならない。

逆転負けしたレイソル戦が分岐点だった

5月29日のアビスパ戦以降、着々と勝ち点を積み上げたグランパスは8月13日にサンフレッチェ広島に完勝して、一度は首位に立っている。しかし、その後の2カ月足らずの間にベガルタ、レイソル、エスパルスに敗れた。10月15日からの最後の6試合はすべて勝ったが、この3つの黒星が響き、優勝したレイソルに勝ち点1及ばなかった。

私が慣れ親しんだ日立柏サッカー場での一戦。17分に玉田が早々と先制点をあげ、前半はレイソルに何もさせなかった。選手たちは自分たちの力が上だと感じたのかもしれない。何となく、相手をなめてしまったようで、パワーを出し惜しみし始めた。

闘莉王の背後からのタックルでレイソルの軸であるレアンドロ・ドミンゲスが19分に退いた。

そこから、闘莉王がボールを持つと激しいブーイングが浴びせられるようになり、闘莉王の動きがおかしくなった。そうこうしているうちに、澤昌克《さわまさかつ》が入って勢いづいたレイソルに2点を奪われ、逆転負けを喫した。あの勝利でレイソルは自信を膨らませたような気がする。

しかし、激動の11年を選手たちはよく戦ってくれた。もちろん私は悔しい。選手たちもそうだろう。12年はこの悔しさをバネにして戦っている。目標は昨年とまったく変わらない。Ｊリーグで優勝し、ＡＣＬを制覇し、クラブワールドカップで世界の舞台に立つ。11年に果たせなかったことに、もう一度挑む。

第3章 日立製作所で学んだこと

「いい時代」に日立サッカー部でプレー

早いもので、もう、20年近くJリーグのクラブで仕事をしてきたことになる。その間にいろいろなことを蓄積し、自分なりのGMのスタイルを確立できた。そのベースとなっているのは、日立製作所で大型コンピューターの営業として働いた経験だ。ビジネスマンとして学び、教わり、会得したことが、いま生きている。

普通のビジネスマンの仕事とプロサッカークラブのフロントの仕事に違いはない。扱う商品が違うだけで、やっていることは同じ。言い方を変えると、ビジネスマンとしての常識、仕事の手法、しきたりをしっかり身につけていないと、サッカー界でもいい仕事はできない。プロサッカー界には、そのへんがわかっていない人がいる。いくらサッカーに詳しくても、それだけではこの世界で生きていけない。

日立入りしたのは78年春だった。もちろん、サッカー選手として日本リーグでプレーしたかったのだ。日本代表選手がずらりと並ぶ名門の日立サッカー部を選んだのは、優勝を狙えるチームでプレーしたかったからだ。1940年に日立製作所本社サッカー部として創部され、1965年に発足した日本サッカーリーグで古河電工（現ジェフユナイテッド市原・千葉）、三菱重工（現浦和レッズ）とともに「丸の内御三家」と称されたチームだ。

当時はプロ選手など存在しない。日本では、木村和司と奥寺康彦《おくでらやすひこ》が「スペシャルライセンス・プレーヤー」となる86年までプロ選手は誕生しなかった。日本リーグの選手たちはみな会社員として社業を務めながら、プレーしていた時代だ。

当時は東京・小平市にある社宅に住んでいて、午前中はコンピューター営業本部での仕事、午後はサッカー部の練習という毎日。同じ社宅に住んでいた同期の西野朗夫婦と朝7時の電車に乗って、都心に出る。西野は御茶の水にあった人事部へ。コンピューター営業本部に配属された僕の仕事場は大森だったので、西野とは途中で別れて、品川の会社に勤めていた西野の奥さんと一緒に山手線に乗り換えた。

午前9時から正午まで仕事をこなし、昼食を食べたら、急いで小平にある練習グラウンドへ。そして午後2時半から5時ごろまで練習する。サッカー部には川上信夫《かわかみのぶお》さん、松永章《まつながあきら》さん、碓井《うすい》博行《ひろゆき》さんら日本代表の常連選手が多く、伝統的に「走る日立」を標榜《ひょうぼう》していただけに、練習は厳しかった。

しかし、いま考えると、いい時代だった。

練習が終わると、シャワーも浴びずにジャージー姿でまっすぐ居酒屋へ行き、〝反省会〟と称して一杯やる。それがほとんど毎日続くのだから、のんきなもの。先輩に「おまえら、いつまでやっているんだ。早く帰って風呂に入れ」と叱られたものだ。

現在、私は名古屋グランパスの選手たちに私生活についてガミガミ言っている身だけに、このへんの話は選手に知られたくない（笑）。まあ、僕は聖人君子《せいじんくんし》ではないということだ。

プロ化する前の日本サッカー界はそんなものだった。ワールドカップに一度も出ることができなかった（初出場は98年）のも、無理はない。

私がどんな選手だったかを覚えている人はほとんどいないだろう。足はかなり速くて、運動量もあった。走力が自慢のいわゆる〝汗かき役〟で、地味な存在。一方の西野は端整なマスクで女性に人気があって、常に陽の当たるところにいた。僕はその陰で地道に走る。そういう構図だ。華やかさでは西野にはかないません。でも、間違いなく西野より僕のほうが走っていたという自負はある。

結局、私は85年までの8シーズンで日本リーグの132試合に出場した。残念ながら、日本リーグでも天皇杯でも優勝は経験できず、リーグでの最高位は3位だった。誇れることがあるとすれば、現役時代に大きなケガを一度もしなかったこと。おそらく、それは子どものころの生活や、受けた指導と関係があったのだと思う。

裸足で漁に出ていた

私は1955年、浜松市で生まれた。子どものころは、やんちゃだったらしい。近所の年下の子を連れ歩いて、悪さばかりしていた。家の床下にトンネルを掘ったり、よその家の屋根に上って「天下を取るぞー」と叫んだりしていたらしい。

小学校の低学年のころは毎週末、祖父や近所のお年寄りと一緒に天竜川の河口に行って、地引き網を引いていた。小舟から網を出して、それをじいさんたちと引いていく。河口まで引き終わったら、上流に網を運んで、また同じことを繰り返す。

当時はスズキやボラやウグイがいくらでも捕れた。いまではスズキは高級魚のひとつになっているけれど、子どものころにさんざん食べさせられたから、いまはまったく口にする気がしない。白身魚はもう結構という感じだ。

その毎週末の漁のときに、僕はいつも靴を脱がされ、裸足になっていた。川岸は小石で覆われているから、裸足になると痛くて、好き勝手に歩き回れない。実はそれが狙いで、靴を脱がされたのだ。もし靴を履いたままだったら、やんちゃな僕はどこに行ってしまうかわからない。網など引かず、姿を消してしまう。祖父たちはそうはさせまいと「裸足になれ！」と命じたらしい。

石の上を歩くのは大変だったが、いま考えてみると、それが幸いしたのだと思う。小石の上を裸足で歩いていたので、足の裏が強くなり、身体のバランスも良くなったのだろう。その結果、足が速くなったのかもしれない。サッカーのプレーにいい影響を与えただろうし、大きなケガなく30歳まで現役を続けられた要因にもなったはず。じいさんたちに感謝しなくてはいけない。

最初は吹奏楽部だった

サッカーを始めたのは小学4年のときだった。小学校のクラブではソフトボールをしていたが、近所の中学校でサッカースクールが始まったので、そちらにも顔を出すようになった。サッカーの基礎を教えてくれたのは、中学生のお兄さんたち。ボールの止め方、蹴り方を手取り足取り教えてくれた。

そこで私はサッカーの基礎を身につけ、すぐにサッカーの楽しさを知った。しかし、そうやってサッカーを教わったのに、実は浜松市立東部中学校の入学時にはサッカー部に入らなかった。先輩たちが厳しくて、よく下級生が正座して説教を聞かされている姿を見ていたからだ。そんなところでサッカーをしてもおもしろくはないだろう。「おまえは足が速いから、サッカーに向いている」と誘われたが、きっぱり断った。

そして、吹奏楽部に入って、しばらくの間、チューバを吹いていた。

しかし、私はここで思い悩んだ。

「クラリネットなら格好がいいけれど、チューバじゃなあ」

チューバを吹いている方にはまことに申し訳ないけれど、どう考えてもクラリネットのほうが華がある。というわけで僕は中学1年の夏に吹奏楽部をやめて、サッカー部に入った。ちょうどそのころ、うるさい先輩が引退し、いなくなっていたのだ。

元陸上選手に走り方を学ぶ

中学のサッカー部はけっこう強くて、市大会で優勝して県大会にも出場した。サッカー部顧問の一人である鈴木康之先生は、国体に出たことのある元陸上選手。それもまた僕にとって幸いした。鈴木先生に走り方の基礎を教えてもらえたのだ。腕の振り方に始まるランニングフォームを修正され、正しい体重移動を身につけた。その指導のおかげで、想像以上に足が速くなった。ランニングフォームというのは非常に重要なのだ。やはり理にかなった走り方をしなくてはいけない。

現在、ドイツのシュツットガルトでプレーしている日本代表FWの岡崎慎司も、清水エスパルス時代に陸上短距離の元五輪選手である杉本龍勇《すぎもとたつお》フィジカルコーチにランニングフォームをたたき込まれたことで、足が飛躍的に速くなった。加入したときは鈍足と言っても良かったのだから、信じられない。

中学のサッカー部のもう一人の顧問だった伊達啓慶先生は、大学を出たばかりの数学教師だった。一緒にボールを蹴っていただけでなく、僕のような出来の悪い子には、先生が宿直のときや夏休みに数学と英語の補習をしてくれた。まるで家庭教師のようなものだったのだから、とても助かった。

浜名高校（浜松市）に進んでからも、サッカーを続けた。美和利幸監督が指導していたサッカー部は、僕が入学する前年の70年にインターハイ和歌山大会で優勝して、「彗星《すいせい》のイレブン」と呼ばれた。藤枝東高校や清水東高校が強かった静岡県に彗星のごとく現れたことから、そう名づけられた。

僕が1年のときもインターハイ徳島大会に出て、準々決勝まで進んだ。3年のインターハイは2回戦負け。全国高校サッカー選手権には出場できなかった。国体には静岡代表として出場して、3年のときの千葉大会では全国優勝を経験した。FWだった僕は3点入れたと記憶している。ちなみに3年のときの高校選手権予選では、決勝で藤枝東に敗れるまでに11点取っている。

左利きの僕はサイドに張っているウイングで、快足を飛ばして守備ラインの裏に走り込んでいた。スーッと出て行って、そこでパスをもらって、ズドン！　というのが僕の形だった。

中央大学に進んでからのことだが、法政大学の清水秀彦《しみずひでひこ》さん（現解説者）に「ゴキブリ！」と言われたものだ。どうやら、低重心で走り回っている僕の様子はそんな感じだったらしい。

もう少し、気の利いた喩《たと》えはないかと思うが、とにかくそのくらい速かったのだ。あれは清水さんなりの褒《ほ》め言葉だったのだろう。

中央大サッカー部で社会常識を会得した

中学1年のときに両親が離婚して、その後、姉と僕は母親に育てられた。母に迷惑をかけたくなかったので、高校卒業後は大学には行かず、地元の本田技研工業で働きながら、サッカーをしようと思っていた。

母は保険の営業をしながら、夜はホテルで皿洗いの仕事をしていた。そういう姿を毎日、見ていたので、大学に行きたいとは言い出せなかった。しかし、母のほうから「大学へ行きなさい」と勧めてきた。「大学に行けば、全国から出てくる人や先輩後輩に出会える。そこで人脈を広げておいたほうが、後の人生に役立つ。本田で働くとしても、それは大学を出てからでいいじゃないの」というのだ。

ありがたいことに中央大、明治大、法政大、東京農大、同志社大など多くの大学のサッカー部から誘いが来ていた。結局、母の勧めに従い、大学に進学した。中央大学を選んだのは、他の大学に比べて学費が安く、朝夕食の食べられる寮に入れたからだ。少しでも母の経済的負担を軽くしたかった。

後に母は私にしんみりとした顔で言った。「土地をあんたの学費を捻出《ねんしゅつ》するために売っちゃったのよねえ」。そこまでしていたとは知らなかった。

中央大学のサッカー部は非常に規律が厳しくて、振り返ってみると、サッカーというより社会常識について多くを学んだ気がする。

日本リーグの元選手で、もちろん企業人である方がコーチを務めていた。1年のときは、片《かた》伯《か》部《べ》延弘《のぶひろ》さん（日立）がコーチだったが、GKだけあって声も大きく、規律を徹底的にたたき込まれた。上野佳昭さん（古河電工）にいろいろ厳しく教えていただいたのは2年生のときだ。なかでも電話での応対には、とてもうるさかった。おかしな言葉遣いをすると、必ず言い直しを命じられる。

食事にも連れて行ってくれたが、そこでもテーブルマナーをたたき込まれた。ナイフを置くときは、刃を人に向けてはいけないという具合で、細かいところに実にうるさかった。

3、4年時のコーチの野村六彦《のむらむつひこ》さん（後の日立サッカー部監督）は寮に企業人のゲストを呼んできて、講演会を開いてくれた。テーマは「社会人になったら、出くわすこと」という感じで、しっかりメモをとらされ、レポートの提出も命じられた。

1学年に12人ほどいる特待生部員は全員、寮に入る。「上級生は神様」という世界で、鉄拳制裁が頻発した。そういう厳しい上下関係に理不尽なものを感じていたので、4年になって僕が主将になると、ただちに「鉄拳制裁はやめよう」と宣言した。

プレーのほうはどうだったかというと、1年のときのデビュー戦で2点を決めたと記憶している。関東大学リーグ1部のほとんどの試合に出場して、優勝に貢献した。ただし、在籍時に優勝できたのは1年のときだけだった。

30歳でサッカーと決別

小学4年のときからピッチを駆け回ってきた僕も、30歳になったのを区切りにして、現役を退いた。選手時代の月給は手取りにすると10万円ほどで、あとはボーナスが少々。アマチュア選手だから試合に出たからといって、手当がつくわけではなかった。

07年5月に亡くなった妻からは「この収入では子どもを幼稚園にも行かせられません。もうサッカーはやめて、日立での仕事に専念してください」と何度も言われていた。

会社の上司や同僚からも「そろそろサッカーをやめて社業に専念しないと、社内の出世競争に乗り遅れるぞ」と脅された。会社でえらくなりたいと思ったわけではないが、家族のことを考えると、そろそろ潮時かと思った。

最後の試合のことはよく頭に残っている。

最終戦は86年3月、東京・西が丘サッカー場での古河電工戦だった。古河はすでにリーグ優勝を決めていた。このシーズンは日本代表がソウル五輪予選を戦っていたため、85年の9月に開幕して、翌年3月までの「秋春制」を採用していた（ちなみに日本リーグはこれ以降、6シーズンにわたって秋春制を維持した）。

当初、日曜日に行われる予定だった古河戦は大雪のため、水曜日に延びた。僕の引退試合ということで、会社の同僚たちが大勢、応援に来てくれるはずだったのに、平日のデーゲームに変更になったため、だれも来ることができなかった。だが妻がまだ小さかった娘と息子を連れて西が丘まで来てくれた。試合後、子どもたちから花束をもらったのはうれしかった。スパイクを客席に投げ込んで、裸足で控室に戻ったことを覚えている。それが選手・久米一正の最後だった。

当時の長岡義一監督は「まだ、やめるな」と言ってくれた。自分でも、まだまだできるとは感じていた。たぶん、あと3、4年はプレーできただろう。実際、まだ西野よりは走れた。しかし、引退表明を覆《くつがえ》すことなどできない。「コーチになれ」という誘いも断った。指導者になるつもりはなかったし、もうサッカーでメシを食おうとは考えていなかった。

企業スポーツが全盛だった当時は、引退した選手は社業に専念するというのが常道だった。ほとんどの選手が引退後はビジネスマンとしての第二の人生を歩んでいる。そんな先輩たちの姿を見ていたこともあり、僕はサッカー以外のことで自分を磨いてみたいという気持ちが強かった。だから、サッカーと自分を完全に遮断し、引退後は日立の試合さえ見に行くことはなかった。

わからないことは素直に聞く

ピッチを離れて、ビジネスマンとしての新たな戦いが始まった。

サッカーからは完全に離れた。しかし、社内ではどうしても「サッカーの人」と見られてしまう。「どうせ仕事なんてできないんだろう」と思われているのが、肌でわかった。周りがそういう視線を浴びせてくる。

悔しいねえ。腹が立つねえ。情けないねえ。

だが、そんな評価しかしてもらえないのも仕方がない。30歳になるまでサッカーばかりやってきたんだから、どう思われようが文句は言えない。

これまでサッカーの世界にどっぷり浸かっていたものだから、ビジネスの世界にどういう人間がいて、どういう構造になっているのかが、まったくわからない。初めのうちは、新しい環境、ビジネスの戦場に身を置くことが怖かった。

ふたつの世界の間には高い壁があり、それまでは見えなかった側へ僕はやってきたのだ。知らない世界に身を置いたのだから、怖さを感じるのは当然だろう。その恐怖感は、仕事をするうえでのハンディになった。

そこで、その壁を取り払うことから始めた。朝早く出社して、始業前には社内にある仕事関連のファイルを読みあさった。まずは、顧客への手紙や書類の書き方を学んだ。当時はワープロなどないので、カーボン紙を挟んで、先輩や同僚が書いた手紙の文言を手書きで写し取り、勉強した。

背伸びをしても仕方がない。わからないことがあったら、相手が年下であっても「ちょっと、教えて」と頭を下げて仕事を覚えた。

10億円のコンピューターを販売していた

当時所属していたのは日立製作所のコンピューター営業本部だった。コンピューターは現在のように気軽に手に入るものではなく、僕が扱っていた大型コンピューターは、1機当たり10億円もした。それを3台ほどつないで動かす。大きなハードディスクも付属している。

そんな高額なものを売るというのに、僕はコンピューターの「コ」の字もわからなかった。どういうソフトがどう働いて、コンピューターがどんなふうに作動しているのか、さっぱりわからなかった。それを売れというのだから無謀だ。

担当したのは政府系の金融機関で、国民生活金融公庫（現日本政策金融公庫）、日本銀行、日本輸出入銀行、住宅金融公庫（現住宅金融支援機構）などが顧客だった。しかし、その製品についての知識がない。そこで考えた。

「自分では説明できない。ならば、専門家に説明してもらうしかない」

理解したつもりで背伸びをして、あいまいな説明をするより、専門家に頼んだほうが有効だし、簡単だ。ディスクまわりについては小田原の工場から、端末については名古屋の工場からという具合に、各工場の技術者やソフトウェアを開発している技師を集め、顧客に向けてプレゼンテーションをしてもらった。

とはいえ、ふだんは工場で開発などの仕事に汗を流している技術者に「お客さんのところに足を運んでほしい」と頼んでも、すぐに「はい、わかりました」とはならない。「こっちだって忙しいんだ」と断られるのは覚悟していた。だからこそ、ふだんから技術者との関係を強くしておく必要があった。いい関係を結んでおかないと、協力はしてもらえない。

技術者のいる工場は各地に散らばっている。しかし、電話で話すだけでは、強い関係は築けない。工場に足を運んで、顔を見て、目を見て、直接話すこと、コミュニケーションを直接とることが重要なのだ。これはプロサッカーの仕事でも同じだ。人にじかに会って話をしないと、マネジメントはうまくいかない。

こちらは30歳そこそこの営業マンで、相手は40代半ばの技術者。最初のうちは相手にされず、罵倒《ばとう》されることも多かった。コンピューターを実際に取り付ける現場でも、何をやっているのか、僕にはちんぷんかんぷん。仕方がないので「はい、肉まん、さし入れ」というようなことに力を注いだ。

ともに酒を飲んで語り合った。技術者と顧客と僕とで一杯やる。そのうちコンピューターの話になる。彼らはコンピューターについて楽しそうに語り合う。僕にはさっぱりわからなかったが、そういう対話が日立の商品を売るために役立っていたのではないだろうか。

技術者とそうすることで、僕のことを理解してもらえるし、「久米のためなら、何とかしてやろう」と思ってもらえた。だからこそ、「お前がそこまで言うなら、行ってやろうじゃないか」と、営業に協力してもらえるようになったのだ。

「逆判」にはまいった

日立製作所は厳しい会社だった。

企画書をつくって、上司のところに承諾をもらいに行くと、よくハンコを上下逆さまに押された。上司の名前がひっくり返っている。最初は「えっ、これって、どういうこと?」と不思議に思った。

「逆判」を押されたということは、その企画が却下されたことの証だった。「こんな文章では全然ダメ。出直してこい」ということだ。

「どこがダメなんだろう」と悩んでいると、上司が「久米ちゃん、文章力ないねえ。こんな文章じゃ、だれだってハンコ押せないよ。どこの大学を出たんだっけ」と聞く。そういうときは、明るい声でこう答える。「中央大学経済学部なんですけど。すいません。大学ではサッカーしかしてませんでした」

とにかく再挑戦するしかない。頭をひねって書き直していくと、上司は「うーん、もうちょっとなんだけどねえ」と言って、また逆判。その繰り返しで、なかなか先へ進まない。

6度、7度と書き直していくと、徐々にハンコの向きが変わってくる。斜めを向き、横を向き、だんだん上を向いてくる。最終的にはポンと正しく判を押してくれる。その瞬間、上司は立ち上がって「さあ、いくぞ」と促す。書き上げた企画書を持って、ただちに役員のところを回る。そうすると、次々と承諾のハンコを押してくれた。

「ほら、久米ちゃん、OKだっただろ。書類っていうのは、こういうものでないといけないんだよ」

書き直す僕も苦悩の連続だったが、それに付き合ってくれた上司も大変だったはずだ。最初から正解を教えたほうがよほど楽だろう。しかし、それでは人は育たない。自分で考えさせて、悩ませる必要がある。時間をかけて、忍耐強く僕を鍛えてくれた上司に心から感謝している。

特にレイソルで2代目の社長も務めた日立の柏樹隆《かしわぎたかし》副社長（当時）には厳しく鍛えられた。なにしろ、「僕のところは書類がなかなか通らないよ」と公言している人だった。

企画書を持って、お願いに伺うと、説明をろくに聞いてくれない。

「きみ、企画書なんて見ながら、しゃべっていたんではダメだよ。相手の目を見て話しなさい」と指摘された。私がいま、交渉の席で必ず相手の目を見て話すのは、そのときの教えに従ってのことだ。

役員への説明の時間は限られているから、ポイントをズバッと言わなくてはならないことも教わった。だらだら話していると、企画書を指さして、「ここなんだろ、きみが言いたいのは、要するに。だったら、ここだけ説明すればいいんだよ」と怒られた。

柏樹さんには「僕に黙ってハンコを押させるようになったら、きみはどこに行っても通用する」と言われたものだ。「わかった。ここだな、きみが言いたいのは」と、すんなりハンコを押してもらえるようになるまでには、ずいぶん時間がかかった。

柏レイソル時代の話になるが、レイソルの柏樹社長、小林正三郎《こばやししょうざぶろう》常務（後の社長）と一緒に日立の金井務《かないつとむ》社長に対し、年に2回説明する機会が設けられていた。レイソルの経営状況と、チームの動きが主たるものだった。

あるときのこと。柏樹さんは金井社長の当日の顔色をうかがい、機嫌が悪いと判断したのだろう。「先にチームのことを説明しなさい」と言った。

「あれ、事前の打ちあわせと順番が違うじゃないか？」

と思ったが私は説明に入った。

金井社長はチームの話は機嫌よく聞いていたが、お金のこととなると自分の時計をたたいて、

「もう終われ」という合図を送ってきた。

しかし、チームの補強費の確保も重要だったため、小林常務は顔色ひとつ変えずに説明した。そうやって社長印をもらう粘り強さには感服させられた。

営業マニュアルの存在を知る

僕が大型コンピューターを売り込んでいた国民生活金融公庫には全国に１５０ほどの支店があった。そして、各支店にはそれぞれしっかりとした営業マニュアルが存在していた。

「こういうトラブルには、こう対応しなさい」

「こういう言葉遣いをしなくてはいけない」

「こういう相手には貸し出してはいけない」

などということが事細かに記してあって、営業マンはそのマニュアルに則して仕事をしていた。土地によって文化、しきたり、歴史、言葉などが違うので、マニュアルもそれに合わせて、

支店ごとに微妙に変えてあるが、ベースは変わらない。だから、転勤してきた営業マンもその仕事場にすんなり適応できる。結果、仕事が効率的に進むし、リスクも減る。たぶん、他の金融機関にも同様のマニュアルがあるのだと思う。

国民生活金融公庫で、そのマニュアルをちらっちらっと見せてもらった。ビジネスマンとしてスタートしたばかりの時期に、しっかりと確立されたマニュアルを目にできたことが、後々、大きなプラスとなった。

政府系の金融機関という、スキのない組織が相手だったので、営業は難しかった。

「こんなプレゼンテーションでコンピューターを買ってもらおうとするなんて、甚《はなは》だおかしい。バカ野郎」と叱られたこともあった。当時の僕は営業マンなのに、自分なりの営業マニュアルを確立できないまま、ものを売り歩いていたからだ。

政府系の金融機関を回っているうちに、プレゼンテーションがいかに重要かということを知ることができたし、そのためにはしっかりとしたマニュアルが必要なのだということも知った。

サッカー界はどうなのだろう。

クラブの実態を示すカタログを持たずに選手の獲得に出向くのでは、選手だけでなく、両親や学校の先生に対して失礼であり、無責任ではないか。「ウチのクラブはこういう組織です」と明文化した書類を見せることができれば、交渉相手も理解が早い。そして、安心して息子や教え子をクラブへ預けることができるはずだ。

選手獲得についてクラブの役員や親会社の了承をもらうためにも、選手本人や両親の心をつかんで信頼してもらうためにも、きちんとしたプレゼンテーションが必要だ。人に承諾をもらうには、相手を納得させなければならない。だからこそ、プレゼンテーションの質を上げなければならない。それはビジネスの世界の常識だろう。

顧客から学ぶことも多かった。国民生活金融公庫の沢田良信さんには、ずいぶんお世話になった。僕にとっては、社会人としての先生と言ってもいい。

あるとき、国民生活金融公庫のコンピューターの稼働テストをすることになり、その前に「日立からテストを告知する文書を出してもらわなくては困る」という話になった。と言われても、僕にはどういう文書を書いていいのかわからなかった。

沢田さんに「文書のひな型がないので、事務所に戻って書いてきます」と伝えた。しかし、それでは東京の三鷹と大森を往復することになり、時間がもったいない。沢田さんは「ここで書け」という。でも書けない。

そうしているうちに、沢田さんが「しょうがないなあ。わかった。オレが書いてやるから。こうやって書くんだよ」と言って、本来、日立の営業マンである僕が書くべき文書を代筆してくれた。

日立という企業からたたき込まれたこと、顧客から教えられたことが、いまの仕事のベースになっている。日立で営業の仕事に携わっていなかったら、いまの自分はない。

第4章 GM初期

―柏レイソルと清水エスパルスでの日々―

足を洗ったはずのサッカー界に復帰

30歳でスパイクを脱いだ後、私は日立製作所コンピューター営業本部の仕事に専念していた。もうサッカー界に戻る気はなかった。しかし、人の運命とはわからない。営業の現場で戦うスキルを身につけ、自信が膨らみ、仕事に邁進していたというのに、88年の5月の連休明けに会社から「サッカーに戻れ」と命じられた。33歳のときだった。

日立サッカー部は87年に初めて日本リーグの2部に降格した。その再建に当たってほしいということだった。当時、総務部長で女子バレーボールなど日立のすべてのスポーツを統括していた最明一さんの決断だった。

上司は「なにをいまさら。せっかく久米はサッカーから足を洗って、仕事をバリバリやっているところなのに。戻すわけにはいかない」と烈火のごとく怒った。ちょうど、金融機関同士をオンラインで結ぶ第3次オンライン化のときだったので、僕が担当していた国民生活金融公庫のコンピューターもソフトの組み替えなどをしていて、非常に多忙なときだった。だから、僕も「いまさら戻りたくない」と答えた。

しかし、「2部にいるサッカー部を立て直してほしい」と言われると、気持ちは大きく揺れた。そんなふうに請われると、だれでもうれしいもの。結局、「そこまでおっしゃるのなら、人助けのつもりで戻ろう」と。そこで総務部に異動し、サッカー部に復帰した。

妻は当然、反対した。サッカーに携わっていると、ゴールデンウィークも夏休みも盆休みも関係ない。休みの日に家を離れることが多い。だから、妻は「子どもたちと触れ合う時間がまた、なくなっちゃうわよ」と嘆いた。娘も息子も小学生だった。「いまのうちに、しっかり子どもたちと触れ合っておいたほうがいいんじゃないの」というのだ。

しかし、最後は「そうは言っても、サッカーが好きなのよね。だったら、またサッカーに没頭してみたら」と首を縦に振ってくれた。

会社が「サッカー部を立て直して」と言うので、コーチになれということだろうか、それとも、もしや監督になるのだろうかと勝手に想像した。しかし、そんなうまい話があるわけがない。聞けば、「渉外担当マネジャーに就いてほしい」とのことだった。いまで言うならGMということになる。肩書はともかく、チームの編成から試合の運営まですべてを任された。言ってみれば、何でも屋だった。

1部復帰を目指すには、何から始めるべきだろうかと考え、ひとつの結論に至る。

「やはり、いい選手を取らないと勝てない」

そこで、母校の中央大をはじめ、早稲田大、筑波大、同志社大といった大学サッカーの強豪校から、キャプテンクラスの選手を獲得しようと狙いを定めた。ハートが強くて、リーダーシップもある選手。それが大熊裕司《おおくまゆうじ》（現セレッソ大阪アカデミーダイレクター兼U－18監督）、曺《チョウ》貴裁《キジェ》（現湘南ベルマーレ監督）らだった。

88年に私が渉外担当に就任する前から、日立は大学サッカー部との関係を良好にするため、サッカー部のOBを監督として大学に送り出していた。中央大に山口芳忠さん、法政大に横谷政樹さん、日本大に馬渕剛行さん、早稲田大に松永章さん。日立に籍を置いたまま、派遣したので、大学側は人件費がかからなかった。そうやってつながりを深めておいたから、日立サッカー部が柏レイソルになってからも有力選手を集めやすく、その点で私は助かった。

日立サッカー部の大先輩である、そうした監督の方々には情報収集のため、選手についてのレポートを出してもらった。「この選手は○、あの選手は×」というだけでなく、手書きの丁寧な書類をビシッと出してくれた。さらに、日立OBである監督たちに集まってもらい、どの選手を取ったらいいかを話し合う会議も開いた。

100億円の赤字を覚悟!?

話は少し前後するが当時の日本サッカー界について書いておこう。

88年3月、日本サッカーリーグ事務局内に「日本リーグ活性化委員会」が発足していた。行き詰まっている日本リーグを発展させるためにはどうしたらいいのか。ワールドカップに一度も出たことのない日本代表を世界で戦えるようにするにはどうしたらいいのか。そのためのビジョンを描き、改革に打って出るための委員会だった。

度重なる議論の末、89年に「スペシャルリーグ（プロリーグ）」をつくるという結論が出た。プロ化しない限り、光明は見いだせないということ。

リーグの名称は「Jリーグ」と決まり、93年に10クラブでスタートすることになった。さらに、90年春にはJリーグに参加するクラブが備えなければならない条件が決まり、参加クラブを募った。

私がサッカーへ戻ってきたタイミングで、プロリーグ発足の計画が急ピッチで進められていたわけだ。

日立はJリーグに参戦すべきかどうか。

日立幹部の答えは「ノー」だった。

当時、サッカー部が日本リーグの2部にいたことがやはり響いた。プロ化するといっても、観客が大幅に増えるとは想像しにくい。親会社に甘えた形のスタートになりそうだった。何しろ、初代チェアマンとなる川淵三郎さんですら、「親会社は、1年に10億円の赤字が10年続く（つまり100億円！）と覚悟して、参戦してほしい」と口にしていた。日立では「赤字になるものに手は出せない」という意見が大勢を占めた。

僕としては、何とかして歴史と伝統のある日立をJリーグに参入させたかったが残念なことに、サッカー部のOBは弱腰で、協力してくれなかった。

プロ化に理解があったのは沖田正専務《おきたただし》（当時）だった。だから、まずはここを攻めた。Jリーグに参入すると、どういう収支になるのかという資料をつくり、粘り強く説明し、拝み倒した。年間5億円の赤字になるという計算だったが、沖田さんは判を押してくれた。

それからは、この判を武器にして佐藤東里《さとうとうり》常務（当時。後に初代レイソル社長となる）や最明さんを攻めた。「沖田さんはハンコを押してくれたんですから」と言って説得し、押し問答を繰り返した。こちらは一歩も引かず、押しまくった。佐藤さんも最明さんも渋々ではあるが、判を押してくれた。三田勝茂《みたかつしげ》社長から面会の時間をもらうのにも苦労した。かなり強引にお願いして時間をもらって、三田社長の了解をもらった。ただし、条件が付いた。「プロ化するなら、優勝できるような強いチームにしてほしい。プロ野球のロッテオリオンズ（現千葉ロッテマリーンズ）のような弱いチームにしないでくれ」と。そのころは毎年、下位に低迷していたロッテを引き合いに出して、三田社長は「優勝できるチームを」と強調した。

90年8月、日本サッカー協会内にプロリーグ検討委員会が発足し、参入10クラブを選定する作業が始まった。参入クラブが決まったのは91年2月。そこに日立の名はなかった。ホームスタジアムの選定で遅れをとったことが響いた。90〜91年シーズンに日立は日本サッカーリーグ

2部で優勝し、1部への復帰を果たしていただけに残念だった。

日立は、Jリーグ発足にともない、その下位カテゴリとして誕生した日本フットボールリーグ（JFL）で戦うことになる。92年、株式会社日立スポーツを設立。12月にはJリーグの準会員となり、93年に柏レイソルと改称した。スペイン語で「REY（レイ）」は王様、「SOL（ソル）」は太陽を意味する。「太陽王」を名乗ったわけだ。

私は日立からの出向という形で、91年に日本リーグ事務局長に就任。最後の日本サッカーリーグを終えると、92年にはJリーグ事務局長となった。そして、94年にレイソルへ戻り、2年後、強化部長に就任した。

レイソルは94年、元ブラジル代表のカレカらの活躍で、JFLの2位となる。大ブームを巻き起こしたJリーグはクラブ数を94年に12、95年には14に増やす。この拡大路線のおかげで、95年、レイソルは悲願のJリーグ昇格を果たした。

ナビスコカップを制覇

ストイコビッチ監督とは、早いもので5年目のシーズンに入っている。レイソル時代にも西野朗監督と4年半の間、ともに戦った。

西野が就任して2年目の99年にはナビスコカップで優勝し、レイソルにとって初タイトルを手にした。鹿島アントラーズとの決勝は激闘となり、終了間際の渡辺毅《わたなべたけし》のゴールで追いつき、PK戦を制した。

大黒柱の洪明甫《ホンミョンボ》（現U－23韓国代表監督）を中心とした、いいチームができあがっていた。2000年（2ステージ制）のJリーグでも、セカンドステージの終盤に8連勝し、最終戦でアントラーズに勝てば優勝というところまでいった。しかし、その一戦が0－0の引き分けに終わり、ステージ優勝を逃す。ファーストステージとセカンドステージを合わせた勝ち点はリーグ最多だったが、タイトル獲得には至らなかった。

明神智和《みょうじんともかず》（現ガンバ大阪）、北嶋秀朗《きたじまひであき》らが成長し、チームは確実に強くなっていた。西野には手応えがあったのだろう。01年シーズン開幕を前に「優勝する！」と宣言した。

だが、優勝宣言をしたそのシーズンは、思うように白星をつかめなかった。そこで6月、私は〝風を変えよう〟と思い、元清水エスパルス監督のスティーブ・ペリマンをコーチにつけた。ペリマンと西野は、Jリーグオールスターサッカーでも西野が監督、ペリマンがコーチをしたことがあったので、大丈夫だろうと思い、ヘッドコーチ就任のお願いにロンドンまで飛んだ。

ペリマンは、

「西野は私を必要としているのか？　本人と話がしたい」

と言うので、ロンドンから直接、西野に電話をして、西野の了解をもらい、ヘッドコーチに就任してもらった。

しかし、事態は好転せず、第1ステージを8勝7敗の6位で終えた。当時は16チーム編成だったので、6位というのはさほど悪くない。しかし、優勝を宣言していたことから、日立本社からもサポーターからも〝ふがいない〟という声が強まった。

西野が〝優勝〟を口にした時点で、私はそんなことは言わないほうがいいと忠告していた。うまくいかなかったときに、その言葉が不利に働くのはわかっていたから。思った通り、その優勝宣言を理由に、西野解任論が出てきた。日立本社から、そういう声が出てくると抑えるのが難しい。

サポーターが〝西野、やめろ〟という横断幕を出したのも、フロントにはこたえた。結局、クラブが外圧に耐えきれなくなった。

断腸の思いで盟友・西野を解任

そういうなかで、「ペリマンがいるなら、任せればいい」という流れに自然になってしまった。7月、断腸の思いで西野を解任し、ペリマンを監督に昇格させた。いま思うと、あのときの監督交代のやりかたは間違っていた。

なぜ西野ではダメなのか、なぜペリマンなのかという理由が不明確で、日立本社への説明と了解の取り方もあいまいだった。もちろん私の責任なのだが、きちんと筋を通したとは言い難い。

日立本社内にある一部の声に、私を含めたフロントが屈してしまったようなところがある。私は何度も「これでいいのだろうか」と自問した。後に振り返って、「あのまま西野に任せたほうが良かったかもしれない……」と思ったのも確かだ。

西野を切るのはつらかった。西野とは日立サッカー部での現役時代から、家族ぐるみのつきあいをしてきた。普段、仕事に口を挟んでこなかった妻でさえ、困惑気味に「えっ、西野さんを解任しちゃうの？　そんなことしていいの？」と口にした。

西野時代を振り返ると、悔やまれるのは、やはり2000年第2ステージ最終節のアントラーズ戦だ。あの試合に勝ってステージ優勝を遂げていたら、01年に西野を解任することにはならなかったはずだ。レイソルの歴史も違うものになっていただろう。

私とレイソルの小林正三郎社長が、西野に解任を通告したのは、西野の娘さんの誕生日だったという。このとき、西野に言われた言葉が私の胸に突き刺さっている。

「久米はいいよな。戻るところがあって」

西野はこう思っていたのだ。

「久米は強化本部長の職を解かれたとしても、日立本社に戻るか、関連会社の役員にでもなれるだろう」と。私にそんなつもりはなかった。だから、はっきりと答えた。

「オレも成績不振で責任を取らなくてはならないときがくるだろう。そのときは日立には戻らない。これはおまえとオレとの約束だ」

西野との男の約束を守った

レイソルが年間12位に低迷した02年、私は日立本社に呼ばれて、強化本部長の解任を伝えられた。そして、その席で選択を迫られた。

「日立へ戻るか。日本サッカー協会に出向するか。日立を辞めるか」

私は即座に答えた。

「日立を辞めます」

思い出したのは西野との約束だった。「オレは日立には戻らないよ」。その約束を破るわけにはいかなかった。しかも、会社が突きつけた選択には、「日立から去れ」というニュアンスが含まれているように聞こえた。「日立へ戻ります」という返答は許さない。そんな冷たさを感じた。

「辞める」と言った私に、もちろん会社側は「どうして？」と尋ねた。「これは西野との約束ですから」。そう答えた。

実はそのとき、妻がガンに冒されていた。そんな身でありながら、その場で即答してしまった。家庭のことをかえりみずに、男同士の約束を優先させたことで、先が見えない境遇に置かれた妻が不安になることも想像できなかった。せめて家族と相談すべきだったと最近になり考える。

後に、02年からガンバの監督となっていた西野と顔を合わせると、「おまえ、本当に辞めちゃったの。バカじゃないの」と西野は笑った。私は負けずに、「おまえ、オレに切られて良かったじゃないか。ガンバですごい年俸もらっているんだから」と冷やかした。まさか、西野が10年もの長きにわたりガンバの監督を務めるとは思っていなかったが……。

2人そろって、育ててもらった日立の外に飛び出し、サッカー界で長く仕事を続けられているのだから、幸せではないか。

後味が悪かった、日立での最後

レイソルの事務所へ最後に行ったのは、年末になってからだ。必要な書類や荷物を持ち帰ろうと思い、出かけてみると、私の机はすでに別の場所へ移されていた。もう〝用なし!〟ということなのだろう。20年も尽くしてきたのに、〝ひどい仕打ちをするよなあ〟と思い、寂しい気持ちになった。

私は残っていた書類を、黙々と段ボール箱に詰め込んだ。その様子を見に来た部下には、こう言った。

「よく見とけよ、オレの惨めな姿を。おまえらは、こうならないようにするんだぞ」

会社への忠誠心を胸に日立とレイソルのために働いてきたが、最後はこういうことになるのかと思うとつらかった。

レイソルを去ることになった私に、当時、日本サッカー協会会長だった川淵さんがこう言ってくれた。

「久米くんは他のクラブへ移って、いままで築いてきた人脈やノウハウを牛かして働くべきですよ。そのほうが日本サッカー界のためになる。ぜひ、そうしてほしい」

川淵さんはJリーグ発足直後から、「これからは、指導者だけでなくGMの養成に力を入れなくてはならない」と訴えていた。JリーグにGM養成講座を最初につくったのも川淵さん。リーグをプロ化したのだから、クラブ運営のプロが必要と考えたのだ。

そうした考えを持っていたから、川淵さんは私に「他のクラブで働くべきだ」と勧めたのだろう。そう言われると、素直にうれしかった。私自身もそんなふうに考えていたからだ。

そして、それほど時間がたたないうちに、エスパルスから「強化担当として来てほしい」というオファーが届いた。私はすぐに、お世話になる決断をした。川淵さんの言葉に背中を押された感じがする。

エスパルスで最初に与えられた仕事は〝外から見たエスパルス〟というレポートを出すことだった。そういう書類のつくり方は日立の営業時代にたたき込まれていたから、けっこういいレポートが書けたと思っている。

エスパルスの幹部にも、僕のレポートは「端的でわかりやすい」と評価された。かつて日立の柏樹副社長（レイソルの社長を兼任）にこう言われたのを思い出した。「僕に黙ってハンコを押させるようになったら、どこに行っても通用する」。確かにその通りだった。

監督とコーチのカップリングを失敗

03年にエスパルスの強化育成本部長補佐（同年10月から取締役強化育成本部長）となったが、就任から2年間は、監督人事で失敗が続いた。

03年は大木武《おおきたけし》監督（現京都サンガ監督）でスタートしたが、チームが機能せず、シーズン終盤の天皇杯はコーチから昇格させた行徳浩二《ぎょうとくこうじ》監督（現FC岐阜監督）で戦った。

そして、04年はレイソルで一緒に働いたことのあるアントニーニョ監督をブラジルから呼び、コーチに石崎信弘《いしざきのぶひろ》（現コンサドーレ札幌監督）をつけた。アントニーニョは好人物で、レイソル時代は「おじいちゃん」と呼ばれ、選手たちから好かれていた。コーチの石崎は若手を育て、チームを一からつくるのがうまい。

しかし、この2人の組み合わせが良くなかった。石崎はいわゆるプレッシングサッカーの信奉者で、前線から相手にプレスをかけさせる。なるべく相手ゴールに近い位置でボールを奪う積極的な守備を自分のサッカーの軸にしている。

それに対してアントニーニョはこう考えていた。（当時の）エスパルスにはベテランが多いし、日本の夏は暑いので、豊富な走力を必要とするプレッシングサッカーは無理だろう。もともと、アントニーニョの頭のなかにはプレッシングサッカーがなかった。そこで2人の意見が大きく食い違った。

大事にしている哲学が違うのだから、やっかいだった。そのうち石崎はそっぽを向いてしまった。仕方がないので、石崎は若手を教える担当とした。

選手たちは石崎のサッカーのほうがおもしろいと考えていた。その結果、アントニーニョがチーム内で孤立してしまった。これでは組織はうまく運営できない。7月、私は石崎を監督へ昇格させた。しかし、皮肉なことに第2ステージの成績は11位だった第1ステージより下がって、14位に終わる。

チームをガタガタにした責任は、2人の指導者を組ませた私にある。サポーターからは、私の失策を非難する声もあがっていた。何と言われても、言い逃れはできない。

この年の混迷はさらに続く。

「来季も石崎監督続投」。内部の機密情報がスポーツ紙の地元面と静岡新聞にすっぱ抜かれた。

「成績が落ちているのになぜ続投なんだ！」とサポーターが黙っていなかった。

「サポーターとクラブの対話の場を設けろ」

「早川巌社長を出せ」

と騒ぎになり、その後、年末にサポーター会議を開いた。早川社長、増田博常務《ますだひろし》、そして私の3人で対応した。会議は、チームの責任者である私の責任追及に終始した。しかし、早川社長が前面に出て対応してくれて、会議はうまくおさまった。社長には大変お世話になった。

エスパルス愛に満ちた新監督を招聘

こういう状況でサポーターを納得させるには、清水で絶大な人気を誇る長谷川健太を監督に招聘《しょうへい》するしかないと考えた。

指導者としての実績は、浜松大学サッカー部の監督として積んだだけだが、カリスマ性があり、人望が厚い。何より清水においては、その「名前」に力があった。その存在の大きさが、指導の現場でものをいうだろうと思っていた。グランパスのストイコビッチ監督もそうだが、指導経験が浅くても、カリスマ性で選手をグイッと引っ張っていってしまうものなのだ。

健太は大榎克己《おおえのきかつみ》、堀池巧《ほりいけたくみ》とともに「清水東三羽ガラス」と呼ばれ、清水東高時代から清水のヒーローだった。筑波大学を経て、日産自動車（現横浜F・マリノス）でプレーし、2年連続の三冠（日本リーグ、天皇杯、JSL杯）獲得に貢献。エスパルス発足と同時に清水へ戻り、99年の現役引退までチームを牽引した。

しかし、石崎監督の続投を社長が一度は決めていたため、周囲は「石崎監督から長谷川監督への移行は無理だろう」と反対した。石崎本人が納得しないだろう、とだれもが言った。

失礼極まりないのは承知のうえで、私は石崎に告げた。「一度、続投と言ってしまったけれど、石崎ごめん」と謝罪した。「長谷川健太を監督に呼ぶので、ここは降りてくれ」。本当に申し訳ないことだったが、石崎は潔く受け入れてくれた。

健太と一緒に働いた3年間は非常に楽しかった。

男気があって、素晴らしい人物。何より、エスパルスへの思い入れが強いのがいい。この思い入れ、地元出身という血筋、クラブ愛が最大の武器となり、健太はサポーターの支持を得て、クラブ内での求心力を高めた。

就任1年目の05年は15位に終わったが、この1年目の苦労が健太を成長させた。エスパルスは、翌年からは2年連続で4位につけた。私が着任したころのエスパルスは澤登正朗《さわのぼりまさあき》をはじめとしたベテランが多かったので、世代交代が急務だった。チームのために尽くしてきたベテランにうまく退いてもらうことができたのは、健太が監督だったからこそ。だれしも「健太さんに言われたのでは仕方がない」と納得したのも事実である。

世代交代は慎重を期する

Jリーグ初年度から参加している10クラブを〝オリジナル10〟と呼ぶが、そのほとんどは日本リーグで戦っていたチームが母体となっている。たとえばジェフユナイテッド市原・千葉は古河電工、横浜F・マリノスは日産自動車のサッカー部がプロ化したものだ。しかし、エスパルスは母体チームを持たず、一から発足したクラブだ。

日本有数のサッカーどころである清水市（03年の合併により現在は静岡市清水区）は、1967年に小学生リーグをスタートさせている。日本国内では初の試みだった。同時に編成した市選抜チーム、「オール清水」はその後、「清水FC」と名を変え、70年代半ばから海外遠征なども行い、若年層の強化に力を尽くしてきた。その結果、清水東高や市立清水商業高、静岡学園高などが高校サッカーの強豪に育ち、多くの日本代表選手を輩出することになった。

そんな清水や静岡県出身の選手を中心にして生まれたのがエスパルスだ。92年の第1回ナビスコカップで2位となり、96年ナビスコカップ、99年のJリーグ第2ステージ、01年度の天皇杯では優勝を果たしている。しかし、私が就任する直前の02年第2ステージでは、15チーム中

12位と低迷していた。

就任当初、私が急いで進めなければならないと考えたのは選手の世代交代だった。クラブ発足時から在籍する澤登の他、齋藤《さいとう》俊秀《としひで》、森岡《もりおか》隆三《りゅうぞう》、戸《と》田《だ》和幸《かずゆき》（現町田ゼルビア）という日本代表経験を持つベテランに身を引いてもらうしかないと考えた。

もちろん、ベテランには彼らにしかできないことがあるからベテランを軽視する気持ちはない。ただ、円滑に若手へ切り替えていくことは必要不可欠なのだ。ベテランに頼りきりの現状を打破しなければならなかった。

しかし、そうした実績のある選手たちに「もう引き時かな」と思わせるには、代わりに力のある選手を取ってこなくてはならない。中途半端な選手と入れ替えたのでは、ベテランは納得せず、組織がぎくしゃくする。実力者の獲得が私の至上命令になった。

エスパルスはグランパスやレッズやガンバのようなビッグクラブではない。チームにかけられる人件費は12億～13億円程度しかなかった。しかし、だからこそ強化担当者の力の見せどころだ。

詳しくは後述するが、いい選手を獲得するには時間がかかる。誠意を持って、粘り強く交渉する必要がある。私は狙った獲物は簡単には逃さない。気になる選手は、高校1年生のときから狙いをつけて、追い続ける。選手自身だけでなく、両親や指導者との信頼関係を深めていき、

「卒業後はウチのクラブへ」という活動を続けていくのだ。

就任2年目の05年、地道に蒔いた種から芽が出始めた。

この年、エスパルスの育成組織で育った枝村匠馬《えだむらたくま》をはじめとした有望な新人選手がたくさん加入した。守備陣では、全国高校選手権優勝校の鹿児島実業高から岩下敬輔、U－17代表経験のある前橋育英高の青山直晃《あおやまなおあき》（現マリノス）、地元の清水商高からはU－18代表でもあった平《ひら》岡康裕《おかやすひろ》。攻撃陣では筑波大学で活躍していた兵働昭弘、滝川二高から岡崎慎司の名前が並んだ。

そして、この年から特別指定選手として筑波大の藤本淳吾がエスパルスに参加し始めた。翌06年には市立船橋高で全国優勝し、駒澤大学でも活躍した原一樹《はらかずき》（現京都サンガ）が加入した。

一方、ベテラン選手は放出し続けた。02年から欧州でプレーし、04年夏にエスパルスに復帰していた戸田は05年に東京ヴェルディへ移籍。澤登は05年で引退し、森岡と齋藤は07年から新天地でプレーすることになった。

澤登らはエスパルスの大事な功労者だ。しっかり進路を見つけてあげなくては失礼だと考えた。澤登にはサッカースクールの指導をしてもらうと同時に、テレビの解説者としての活躍の場をつくった。森岡は引退したらコーチで使うという条件で京都サンガへと送り出した。

獲得交渉のときには調子のいい言葉で誘っておいて、いらなくなったらポイと追い出すようでは、そのクラブの社会的責任を問われる。私はそう考えている。

久米さんのプレゼンはすごい！ という噂

エスパルスは97年に経営危機に陥り、チームの存続が危ぶまれた歴史がある。しかし、「市民クラブを消滅させてはいけない」と、サポーターや自治体、鈴与を筆頭とした地元企業のバックアップを受け、新会社をつくって再スタートを切った。

エスパルスに潤沢な資金がないことは、だれもが知っていることだった。そんなエスパルスがなぜ、藤本や兵働など有力選手を次々と獲得できているのか。他クラブの関係者は「不思議だ」と首を傾げていたらしい。

清水が日本を代表するサッカーどころであり、熱心なサポーターが多く、プレーするうえで魅力的な土地であることは間違いない。だが、それだけの理由で選手が集まるわけではない。

どうしてエスパルスに有力選手が集まるのか？

「どうやら交渉の席でのプレゼンテーションがすごいらしい」

08年からグランパスで契約担当をしている竹林京介《たけばやしきようすけ》は、サンガでスカウトをしていたころ、そんな噂を耳にしたという。

そういえば、エスパルス時代の部下もこんな話をしていた。「交渉の席で選手の家族に〝次は久米が来ます〟と伝えたら、〝あの有名な久米さんが来るんですね〟と言われました。選手の家族にまで、久米さんの噂が広まっているんですね」

なぜ私が働くクラブはうまく選手を獲得できているのか？　種明かしをすると、それは〝プレゼンテーション〟にある。

われわれがどんなクラブであり、何を目指していて、なぜあなたが必要なのか、あなたをどういうふうに生かそうとしているのか、ということをプレゼンテーションできちんと説明し尽くしているから、選手は快くサインしてくれる。両親も納得して息子を預けてくれるのだ。

エスパルスでは、藤本や兵働、本田拓也、岡崎、岩下や青山、大前元紀《おおまえげんき》らを次々と獲得することができた。健太が思いきって若手選手を使ってくれたことで、チームは生まれ変わった。一時の低迷を脱し、06年から2年連続で4位に食い込んだ。

そんななか、07年5月に、長く病床にあった妻が亡くなった。

周囲の方々は「奥さんを亡くして、さぞかし寂しいでしょう」と気遣ってくれた。それはありがたかったが、そう言われると湿っぽくなってしまう。私は湿っぽいのが好きではない。そんなこともあって、そろそろ違う土地に移るべきじゃないかと思い始めた。健太とは3年も一緒に仕事をした。エスパルスでの私の仕事はひと段落ついた、とも感じていた。

第5章 人材を集める

ときには引退後の約束をする

選手、両親、恩師の先生を説き伏せられるかどうかは、プレゼンテーションの質にかかっている。私はクラブのカタログとも言える資料をもとにプレゼンテーションを行う。90分から120分とじっくり時間をかけて、どういうクラブであるのかを丁寧に説いたうえで、なぜ〝あなた〟〝息子さん〟〝生徒さん〟が必要なのかを訴える。

カタログにはJリーグの理念、クラブの活動理念、チーム憲章、そしてチームのビジョンと、目指すサッカーを明記する。

「スポーツを通じ、夢と希望を育み、地域に貢献する」

「トップレベルの環境下で、優れたサッカー選手を育て、常に優勝争いをする」

「魅力的で華麗なモダンフットボールを目指す」

明確に、わかりやすく、そして具体的に書き込まないと、クラブの思想は伝わらない。

クラブの歴史、経営状況、スポンサー企業による支援体制、入場者数の推移に加え、チームの成績の変遷《へんせん》、チーム編成の移り変わり、練習場などの環境についても具体的に明記する。クラブの経営状況を示さないと、選手は自分の将来が見通せない。

さらにホームタウンの歴史や環境、チームを取り巻くメディア、応援体制などを書き込むだけでなく、他クラブの経営状況、チームにかけている人件費などもつけ加える。そうしておかないと、他クラブとの比較ができないからだ。

地域の地図やクラブの業績の推移を示すグラフなどもふんだんに盛り込み、ビジュアル的にも見やすい資料をつくる。しかも、これらをA3の1枚のシートに収めて、頭に入れやすいようにしている。交渉する選手によって、欲しがる情報が多少変わってくるので、一人ひとりバージョンの違うものをつくる。

柏レイソル時代からプレゼンテーションの手法は変わっていない。

当時獲得した玉田圭司のご両親にも、北嶋秀朗のご両親にも同じような説明をしてきた。11年に清水エスパルスから名古屋グランパスに移籍した藤本淳吾は、エスパルスが筑波大学から獲得したときも、私が交渉している。藤本は久米流のプレゼン資料になじみがあるので、グランパス入りの交渉の際、「これ、見たことあるなあ。懐かしい」と言って笑った。もちろん資料はグランパス・バージョンにつくり直してある。

場合によっては、「引退後はフロントに入れます」と両親に約束することもある。

もちろん、フロントとしてもやっていけるだろうと見込んでのことだが、選手にはプレーに集中してもらいたいので、本人には知らせない。あくまで両親との約束だ。もちろん、その場合でも社長の判を押した文書をつくって、「フロント入り」の文言を入れる。

になる。

説得にはタイミングが重要

人を説得するにはタイミングが重要だ。ここだというときに、しっかり説得しないと手遅れになる。

レイソル時代、市立船橋高から中澤聡太《なかざわそうた》（現ガンバ大阪）を獲得できたのは、そのタイミングを逃さなかったからだと思う。あのときは、うまく風を読むことができた。

実は中澤は浦和レッズ入りをほぼ決めていた。契約書にサインするのが間近だということを、部下の宮本行宏から聞いたのは２０００年12月のＪリーグアウォーズの日だった。その年のシーズンを締めくくる表彰式に、私も出席していた。レイソル監督の西野朗が最優秀監督賞に輝き、喜びを分かち合った。

しかし、この晩、宮本が「サインする前にひっくり返しに行きましょう」と言い出したので、慌てて会場を出て、菓子折りを持って中澤の自宅に押しかけた。

玄関に入って、すぐに「これはまずい」と感じた。

家の中がレッズの赤一色だったのだ。レッズのユニホームなどがびっしりと飾られている。お父さんに「ウチはじいちゃんも、ばあちゃんも、みんなレッズ好きなもので」などと言われた。

お茶を出していただいたので、「まだ脈はある」と感じたが、お父さんにこう言われて、がっかりした。

「レイソルはあまり方角が良くありませんので……」

この言葉は、レッズ入りの意志が固いことをにおわせている。しかし、私はあきらめたくなかったので勝負に出た。

当時、私は日本サッカー協会の特任理事だったので、その名刺を出して、「私はこのように協会の仕事もしています。ですから、聡太くんのことは引退後も面倒をみることができます。息子さんには、レイソルの黄色いユニホームに袖を通していただきたい」と訴えた。

その話が効いたのかどうかはわからないが、土壇場でひっくり返し、中澤の獲得に成功した。こういうときのためには、グランパスのGMの名刺だけでなく、日本サッカー協会の役職などの名刺を持っているほうがいい。肩書が武器になることがある。

ところで、中澤は西野監督に引っ張られて、ガンバに移籍した後、チームに欠かせない選手になったが、レイソルでは思うように力を発揮できなかった。もしかすると、お父さんが言っていたように、方角が悪かったのかもしれない。

長くこの世界にいるのだから、もちろん、失敗例もけっこうある。

これもレイソル時代の話だが、前橋商高からガンバ入りし、大宮アルディージャでもプレーして後にスカウトになった松本大樹《まつもとだいじゅ》を逃したのは、詰めが甘かったからだ。

お父さんや高校の先生とも順調に話を進め、ほぼ合意に達していたが、その日は日が悪いので、「あらためて、大安の日に仮契約を結びましょう」ということになった。僕はもう決まったものだと思ってすっかり安心していた。

しかし、その後の数日間でガンバにさらわれてしまった。

ここだと思ったときには、多少、強引にでもサインをもらっておかなくてはいけない。サッカーで、絶好のチャンスにゴールを決めておかないと、後で痛い目に遭うのと同じことだ。

母親が強い家庭の子は成功する

「選手がプロで通用するかどうかを見極めるポイントはなんですか？」と問われることがよくあるが、性格を見ればだいたいわかる。信じない人もいるだろうが、性格が良くないとプロでは成功しない。

勝負の世界で生きていかなくてはならないのだから、鼻っぱしらが強くなければ、やっていけない。やられたら、やり返す、売られたケンカは買うくらいの人間でないと通用しない。しかし、それだけではいけない。熱くなるが、スッと冷静になれるようでなければいけない。やられたら、やり返すが、すぐに「悪かったな」と言える選手のほうが、この世界では成功する。

また、周りに気配りができない選手は大成しない。

玄関にスリッパがちらかっていたら、片付けられる選手。次に履く人が履きやすいように向きをそろえられる選手。そういう選手のほうが成功する。それは、ふだんの生活態度を観察していると、見極められる。

トレーナーやドクターに診てもらった後、「ありがとうございました」とはっきりと言える選手でないと成功しない。いくらうまい選手でも、感謝の気持ちがなければ、この世界ではうまくいかないのだ。

ホペイロ（用具係）、マネジャー、クラブハウスの食堂のおばちゃん、そうじのおばちゃんにも「ありがとうございます」とお礼を言えるようでないと、いけない。いまどきの若者はそういうあいさつが苦手。感謝の気持ちを表現するのが、照れくさかったり、恥ずかしかったりするのだろう。それはわかる。しかし、成功するのは、そういうことができる選手なのだ。できなくてはいけないのだ。

グランパスでは闘莉王や楢﨑正剛は、そういう点でも優れている。意外かもしれないが、中村直志もしっかりしている。玉田はレイソルに入ったころは〝お山の大将〟で気づかいができなかったが、いまではすっかり気配りのできる人間に成長している。マスコミへの対応の仕方を見ていても、そのへんのことはわかる。

母親が強い家庭で育った子もだいたい成功している。

父親がちょっと引いていて、交渉の席で母親が私にガンガン意見を言ってくる家庭の子はプロで通用する。藤本の家はそんな感じがする。お母さんが、「ジュンゴ命」という感じで、常に攻めてくる。それがいいのだ。

岡崎慎司のお母さんも「私が慎司を育てました!!」というノリで、お父さんより前に出てくる。「エスパルスはどうやって慎司を育ててくれるんですか?」「どうやって教育するんですか?」「日本代表になれますか?」。エスパルス時代、獲得交渉の席で、私はこんな感じで攻めまくられ、たじたじになった。正直に明かすと、当時、まさか岡崎が日本代表になれるとは思っていなかった。彼がここまで成長できたのは、性格によるところもあるが、何よりご両親による幼年期の育て方の賜物《たまもの》だと思う。

母親が仕切っている家庭の子は強い。僕としては、交渉の際にそういうお母さんを味方につけなくてはならない。〝マダム・キラー〟にならなくてはいけないのだ。お母さんを納得させてしまえば、こっちのものだ。お父さんはお母さんに無条件で従う場合が多い。

人と話すときに、目を見て話すのは基本。そのうえで、相手が僕の話にどう反応するかに注意する。私が身ぶり手ぶりを加えて「息子さんが欲しいのです」と訴えているときに、お母さんがどういう反応をするかを見きわめるのだ。お母さんも身を乗り出してきて、身ぶり手ぶりで話すようなら、「脈あり」ということだ。

私がアクション付きで力説しているのに、微動だにせず、固まっているようだったら、それはまずい兆候だ。僕の話に耳を傾ける気などないということだ。そういう場合は、なにか別の仕掛けを考えるか、あきらめるか、決断を迫られる。

移籍金ゼロで闘莉王を獲得

強い海外志向を持つDFの吉田麻也《よしだまや》（現VVVフェンロ）が09年限りでグランパスを離れ、オランダへ移籍する話が水面下で進んでいた。中学、高校時代にグランパスの育成組織に所属していた吉田は、トップ昇格した07年からレギュラーとして活躍していた主力だったので、私は吉田の後釜を探さなくてはならなかった。

ストイコビッチ監督や強化担当を集めて来季編成会議を開いたのは11月4日。監督は「センターバックを補強してほしい」と要望し、第一希望に闘莉王を挙げた。私も同じ考えだった。声を出してチームを引っ張っていくリーダーがグランパスには必要だと感じていたからだ。身長185センチの高さを武器に、攻撃面でも得点力のアップが期待できた。

しかし、闘莉王はレッズの大黒柱なので、獲得できるかどうかは半々だった。

まずは、11月7日に闘莉王の代理人と会って、こちらの意思を伝えた。

すると、「率直に言うと、移籍するつもりがある」という答えが返ってきた。常に優勝したいと考えている闘莉王は、レッズのフロントから「若手を育てながら勝つチームをつくる」というミッションを与えられているフォルカー・フィンケ監督（当時）の姿勢に違和感を持っていたらしい。

しかし、代理人は「レッズへの愛着は変わらないし、サポーターへの感謝の思いもある。中東など海外からのオファーも来ている」とも言った。私は「闘莉王はグランパスにとって、どうしても欲しい選手だ」と強く訴えた。結局、その会談は「シーズンが終わるまで静かにしておきましょう。交渉はその後で」という合意をもって終了している。

この一連の活動については11月10日に資料をつくって、役員に報告している。

「09年はACLと並行して戦う過密スケジュールに苦しみ、Jリーグは9位と低迷したが、ACLではベスト4入りし、それなりの成績を収めた。しかし、ディフェンスラインが不安定で守備が安定しなかった。リーダーシップがとれるDFがいないことが失点の要因になった」

そんななか、レッズは09年で契約が満了する闘莉王に新たな契約を提示した。

年俸の総額（基本給＋出場給）ではアップしたが、クラブが年俸制の仕組み（基本給と出場給の比率）を変えたため、基本給は前契約よりも減額になった。闘莉王のような選手は試合に確実に出るのだから、最終的に年俸は上がるはずだが、本人は基本給が低いことに不信感を抱いたらしい。

09年シーズンが終わった後、闘莉王は交渉のために名古屋へやって来た。ストイコビッチ監督にも出席してもらった。

2人は英語で直接、話をしていた。

「名古屋はきみを必要としている」

という監督の訴えが効いたのだろう。移籍はその席上でほぼ決まった。

グランパスへの移籍記者会見で闘莉王はこう言った。

「ストイコビッチ監督を男にするために名古屋に来ました」

あのカリスマ性のある監督に熱心に説得されたら、自然にそういう気持ちになるのだ。

ここで少し、移籍金に関する話をしておこう。

選手を獲得する際に移籍金が発生するが、これは正確には契約不履行《ふりこう》に伴う違約金と言わなくてはならない。契約が満了していない選手の移籍に関しては、選手を保有するクラブが獲得クラブに対して違約金を請求できる。この金額には上限や規定はなく、保有クラブの意向で額が変わる。残っている契約年数が長ければ、もちろん高騰《こうとう》する。FCバルセロナは「ウチのメッシが欲しければ、200億円支払ってください」とも言えるのだ。

選手を移籍させる際に得る違約金は、クラブの大きな収入源になる。いい選手を育てて、売ることで経営を成り立たせているクラブもある。しかし、選手を高く売るためには、長期間の契約を選手と結んでおく必要がある。もちろん、それにはリスクが伴う。長期契約したものの、選手が大きなケガをして売れなくなる場合もあるのだから。

Jリーグは発足時に、選手の引き抜き合いを危惧《きぐ》して、国内移籍に関しては移籍金を高く設定する独自の移籍制度をつくった。残っている契約年数に関係なく、そのシーズンの年俸と新しく提示した翌シーズンの年俸の平均に、選手の年齢に応じた移籍係数をかけて算出した移籍金を上限と定めた。契約が満了している選手であっても、年齢が若ければ移籍金は高額になる仕組みとなっていた。

しかし、この制度は選手が移籍する際の障害となると、選手会が見直しを求めた。国際サッカー連盟（FIFA）が定めた国際ルールにのっとるべきだということだ。この主張が通り、10年シーズンから国内移籍制度を改めた。Jリーグ独自の係数で移籍金を算出する制度を撤廃し、国際ルールに準拠するものへと変わったのだ。これによって、各クラブは契約が満了した選手に限っては、移籍金ゼロで獲得できるようになった。

10年に獲得した際、闘莉王はレッズとの契約が満了していたので、この新ルールが適用され、移籍金は発生しなかった。

金崎も移籍金ゼロで獲得

同じ10年に大分トリニータから獲得した金崎も、ストイコビッチ監督が獲得を望んでいた選手だ。ドリブルが巧みなサイドアタッカーで日本代表にも選ばれたこともある。

最初にトリニータと交渉したのは08年シーズンの閉幕後だった。当時は国内移籍制度の改正前だったため、89年生まれで当時21歳の金崎を獲得するには多額の移籍金が必要だった。しかも、金崎はトリニータとの契約があと1年残っていたため、年齢係数から算出される満額の移籍金を要求される可能性が高かった。

しかし、グランパスの将来を考えても金崎は絶対に必要な選手だと判断し、移籍金として2億5000万円を払う用意をしていた。そのうえで、三重県桑名市にある金崎の実家へ出向き、われわれの意向を伝えた。ご両親は息子が実家に近い名古屋のクラブからの誘いに喜び、移籍に同意してくれた。しかし、金崎本人は「契約が残っている間は、僕を拾ってくれたトリニータでプレーしたい」という恩義から、残留を希望した。もちろんトリニータも主力である金崎を手放す気持ちがなく、残念ながら移籍交渉は決裂した。

そして、1年が経過した。

09年シーズンの終了後、金崎とトリニータの契約が満了したところで、グランパスは再度アタックした。すでに移籍制度が改正されていたため、金崎の移籍金はゼロになっている。獲得は1年遅れたが、2億5000万円を支払わずに済んだのだから、経営的な観点から見れば、大きなプラスだったことになる。

判断ミスが悲劇を招く

逆に、金崎を移籍金ゼロで失ったトリニータには大きな痛手だったのではないだろうか？

08年にJリーグで4位に躍進し、ナビスコカップを制覇したトリニータは「次はJリーグでトップ3に入って、ACLに出場する」と高い目標を掲げていた。経営が逼迫《ひっぱく》しているにもかかわらず、現有選手を手放さず、抱え込もうとした。チームが好成績を収めたので、選手の年俸は自然と上がる。経営基盤が安定していない現実を見つめず、背伸びをしすぎたのではないか。

そして迎えた09年は成績が低迷。10月24日に4節を残してJ2降格が決まる。散々だったのはチームの成績だけではない。複数のスポンサー企業から多額の未入金があり、債務も積み重なっていた。

10年早々には手持ちの資金がショートする危機を迎え、トリニータはJリーグから6億円の融資を受ける。そこまで傷が深くなるまで策を打たなかった経営陣には大きな責任がある。

たとえば、グランパスが最初に金崎獲得のオファーを出したときに合意していれば、トリニータは2億5000万円を手にできた。1年たつと移籍制度が改正され、契約が切れる金崎の移籍金がゼロになることもわかっていたはずだ。いかに重要な選手であっても、まずはクラブの経営を安定させることを優先すべきではなかったのか。

結局、深刻な経営危機に陥ったトリニータは10年シーズンを前に、主力選手をほとんど手放さざるをえなくなった。11年1月期決算では1億円超の黒字を計上したが、債務超過額は依然として10億円を超えている。

10クラブ間の争奪戦を制し、永井を獲得

11年に福岡大学から加入した永井謙佑については、高校時代から「おもしろい」と思っていた。身体は大きくないが、とにかく速い。ブラジルで育ったからだろうか、常に相手に立ち向かっていくその野性味は日本人選手にはなかなかないものだ。その将来性を見込まれて、10年ワールドカップ南アフリカ大会のバックアップメンバーにも選ばれている。

当初は、おそらく10クラブほどが獲得に乗り出していたと思う。激しい争奪戦となり、契約に至るまでには非常に時間がかかった。しかも本人の当初の希望はレッズかFC東京だったらしい。最終的にはグランパスを入れた3クラブでの争いとなり、永井はそれぞれの練習に参加した。

2泊3日の予定でグランパスの練習に来たのは10年9月だった。すでにレッズ、FC東京で練習に参加してきている。当初、永井の表情はこわばっていた。グランパスと契約することは

ないと思っていたのかもしれない。

「まずい」

そう直感した私は、「逆転勝ち」のために、いかなる手を打てばいいのか頭を巡らせた。ここでなにか仕掛けなければ、逸材を他クラブへ持って行かれてしまう。そうなったらグランパスにとっても脅威となる。

選手や、その両親、恩師の先生の気持ちを引きつけるには、ときにパフォーマンスも必要だ。相手の気持ちを揺さぶる仕掛けが欲しい。

永井への仕掛けはどうすればいいのか。永井の気持ちをグランパスに向けるにはどうしたらいいだろう。こうなったら、あの手しかない。

「永井があのホテルに泊まっているから、明日迎えに行ってくれませんか？」

ストイコビッチ監督は私のお願いを快諾してくれた。監督自身も永井獲得の重要性を感じてくれていたのだ。

翌朝、監督が運転する車で永井を迎えに行った。

通訳が後部座席に座り、永井を助手席に座らせた。この座り方が重要だ。隣に座らせないと、われわれの気持ちは通じない。グラウンドまでの40分ほどの間、2人はいろいろな話をしていた。

「まさか、監督が迎えに来るなんて思っていませんでしたよ。緊張しました」

練習場に到着すると、永井は照れて笑った。そこで、

「良かったじゃないか。ふつう、監督はあんなことしないよ」

と私は強調し、

「監督が自分から迎えに行きたいって言い出したんだから」

と付け加えた。仕掛けたのは僕だが、このくらいのウソは許されるだろう。さらに、

「監督はおまえのことを、いい選手だと言ってたぞ。気に掛けてくれているんだ」

とも話した。もちろん、これは真実だ。ストイコビッチ監督は永井の素質にほれ込んでいる。わざわざ私が伝えなくても、永井は監督の熱い思いを感じ取っていただろう。しかし、それを私の口から念押しすることが重要なのだ。

そこまでしないと、せっかくのパフォーマンスが不完全なものとなる。どうせやるなら、徹底したパフォーマンスにしなければならない。相手が喜ぶであろうことをしつこいくらい繰り返して、相手の心をくすぐる。それは、人を口説き落とすための基本的なテクニックだと思う。

永井への仕掛けには、まだ続きがある。その後、闘莉王が永井を誘い、食事に連れ出してくれたのだ。そのアシストも効いたのだろう。

福岡に帰るときにはニコニコしていた。われわれが総力を挙げて仕掛けたパフォーマンスは

どうやら効果的だったようだ。また、永井には彼女がいると聞いたので、その後の福岡での交渉の席にはその彼女を呼んでもらった。

「彼女も連れておいで」と誘い、佐賀からタクシーで来てもらった。ふつうは選手の両親、特に母親を説得する必要があるが、永井の両親はブラジルに住んでいる。だから、彼女と話をすることにしたのだ。

彼女に会った瞬間、そして、2人でいるところを観察すると「あぁ、この2人は結婚するかもな。真剣に付き合っているんだな」というのがよくわかった。そこで、余計なお世話だったかもしれないが、僕は彼女にこう言った。

「もし結婚するんだったら、早めに名古屋へ出ておいで。就職の手伝いもできるから」

大事な彼を強奪するような印象を与えたくなかったし、こちらは2人の将来についても考えているということを伝えたかった。それは彼女へのメッセージでもあり、永井本人の心に響かせるための言葉となったはずだ。選手本人だけでなく、彼が大切にしている人々への配慮も欠かせない。

この結果、永井はグランパスを選択してくれた。1年目からJリーグの舞台で快足を披露し、ロンドン五輪予選でも日本代表として活躍している。そして、2人は無事、結婚し奥さんは名古屋で働いている。

藤本に言ったストイコビッチ監督の至言

藤本との交渉の際にも、ストイコビッチ監督に参戦してもらった。

私がプレゼンテーションをする前に、監督が登場すると、藤本は「えっ、監督が来るなんて、言ってなかったじゃないですか」と驚いた。サプライズで、こちらのペースに引き込む。こういう策が打てるのは、カリスマ性を備えた大物監督がいるからなのだが……。

ストイコビッチ監督には40分ほど話をしてもらった。

「何か質問あるか？」と監督が問うと、藤本は「僕をどのポジションで使ってくれるんですか？」と尋ねた。

そのときの監督の返答がなかなか良かった。

「ハーフラインより前だ」

攻撃の選手なのだから、ハーフラインより前でプレーするのは当然だ。

しかし、その言葉は「好きにやってくれ」とも「きみには、どこでもできる才能がある」とも、とれる。その大ざっぱな答え方が、監督の大物ぶりを示しているようでもあり、頼もしい。

そしてポジションを限定して、約束しないところがまたうまい。

日本リーグの日本鋼管でプレーしていた藤本の父親とは顔見知りで、筑波大学からエスパルスへ加入させたのも私なので、交渉はスムーズに進み、獲得に成功した。

11年、藤本は出場停止だった7月のモンテディオ山形戦を除くと、Ｊリーグの全試合に出場。精度の高い左足のキックを生かして、グランパスの攻撃の核のひとつになり、２年連続でＪリーグのベストイレブンにも選ばれた。

群れをつくらせてはいけない

いい選手を集めれば、勝利できる可能性は高まる。しかし、集め方を誤ると、チーム運営に苦しむことになる。

レイソル時代に私はこんな失敗をしている。

99年に韓国代表のＤＦであり、ボランチもこなす洪明甫を獲得した。常に冷静でカリスマ性のある洪明甫はすぐにチームの大黒柱になり、99年のナビスコカップ制覇に大きく貢献した。西野監督時代のレイソルを支えたのは彼だと言って間違いない。

続いて２０００年には韓国代表のＦＷ黄善洪《ファンソンホン》を取った。アジアを代表するストライカーで、セレッソ大阪に在籍していた99年にＪリーグ得点王になっていた。

さらに01年には同じく韓国代表のＭＦ柳想鐵《ユサンチョル》を補強した。これで韓国代表の中軸選手がずらりと並んだことになる。

しかし、これがいけなかった。

韓国人選手が洪明甫だけのときは、日本人選手がみな「ミョンボさん、ミョンボさん」と言って、敬意を抱き、心を寄せていたが、3人そろうと韓国人グループと日本人グループの間に壁ができてしまった。

さらに、こういう弊害もあった。

黄善洪は1968年7月生まれ。
洪明甫は1969年2月生まれ。
柳想鐵は1971年10月生まれ。

韓国では上下関係が非常に厳しい。柳想鐵にとって、2人は先輩にあたる。そのため、どうも遠慮するような感じになって、柳想鐵は力を十分出せなかった。結局、99年と2000年の洪明甫の活躍を除くと、韓国代表の3人は力を出し切ったとは言えない。豪華な3人をそろえたつもりだったのに、まさかあんなことになるとは思わなかった。

選手を口説く前に、上司を口説く

選手を口説く前に、実は自分の上司も口説かなくてはならない。

これもGMの仕事だ。予算を確保しなければ、どんな選手も獲得できないのだから。そして、ここでもプレゼンテーション力が高くないと、上司を口説き落とせない。「この選手が欲しいので、いくら使わせてください」と告げただけでは、お金は出ない。その選手が必要な理由と、なぜそれだけの金額がかかるのかを合理的に説明しなくてはならない。

プレゼンの内容は選手に対するものと、ほとんど変わらない。

クラブのビジョン、目指すサッカーを確認したうえで、そのためにはこういう選手が必要だというところに話を進める。

さらに、どういう選手なのかを説明し、これまで、どういう交渉を進めてきたのかを順を追って話す。代理人とどういう話をしたのか、感触はどうなのか。他クラブが獲得に動いているなら、その状況を説明する。

予算編成の段階で、チームの人件費を総額でいくらにしたいかを取締役会に報告し、承認を得ていても、実際に獲得する際に「だれをいくらで取る」という承認を、そのたびごとに口約束で済まさず、判をきちんともらっておく。普通の企業と同じで、何事も判をもらわないと先へは進まない。のちのち、「勝手に動いたな。だれが認めたんだ」と言われないようにしなければならない。

クラブの専務、社長、親会社の社長という順に承認の判をもらう。グランパスではそういう仕組みになっている。

久米に騙されてください！

私でも取締役会での大事なプレゼンテーションの前には緊張する。重要なのは、話の入り方だと思う。出だしを間違えると、すべて台無しになってしまう。だから、出だしの部分はあらかじめ紙にセリフを書いておく。

「久米でございます」

たいてい、私はこうスタートする。これも念のため、書いておく。そうしておけば、気持ちが落ち着くし、リズムをつかめる。自分のペースで交渉を進めるために、冒頭の部分はセリフを決めておいたほうがいい。

「久米に騙されてください」

最後のセリフも、これでほぼ決まっている。

「騙されたと思って、ご承認ください」

と言って、頭を下げる。レイソル時代から、ずっとこの決めゼリフを使ってきた。まるで、

「男はつらいよ」の寅さんのようかもしれない。テキ屋の寅さんも言っている。「奥さん、騙されたと思って、買ってきな」。

もちろん、1年たつと、皮肉も言われる。

「去年、久米くんに騙されてみるかと思って判を押したけど、騙されたままだよなあ」

そうなると、

「もう1年、騙されてください」

私はこう応じるしかない。それでも優勝できないと、

「あと何年、騙され続けなくてはいけないんだ」という話になる。

「3年騙されてください」

グランパスではちょうど3年でJリーグ優勝を果たした。

実は10年度は赤字予算を組んでいた。

こういうことはトヨタ自動車のグループ企業ではありえないことだが、私は承認をいただいた。10年は何としても大型補強をし、勝負をしたかった。もちろん、そうすると総年俸がかさみ、赤字になってしまう。

私はいつもの手で攻めるしかなかった。

「今年は絶対、優勝します。ですから、赤字予算でいきますがよろしくお願いします」と訴え、

最後にひと言、「久米に騙されてください」。この決めゼリフが効いたのかどうかはわからないが、大型補強と赤字予算の承認を得ることができた。

私はどうせなら、みなさんに気持ちよく騙されていただきたい。「騙されたけど、楽しかったよ、この1年」と言われるようにしなくてはいけないと思っている。

リターンを得るにはリスクをとる必要がある。そうしないと、いつまでたっても中途半端な結果で終わり、成長しない。大事なのは、説得する側が夢を抱くことではないかと思う。騙す側が夢を持っていないと、人は騙されてみるかとは思わない。「オレも騙されて、夢を共有しよう」と思ってくれない。

そういえば闘莉王も金崎もグランパス入りの記者会見でこう言った。

「久米さんのニコニコ顔に騙されました」

彼らも夢を追って、快く私に騙されてくれたのだ。

電光石火でダニエル獲得

「千代反田は来年、どうですかね？」

11年11月末になって、千代反田充の代理人が電話をかけてきた。私は「もちろん、監督は戦力として考えてますよ」と答えながらも、嫌な予感がした。

千代反田はセンターバックとしては闘莉王、増川隆洋に次ぐ3番目の存在だ。どうしても先発出場が少なくなる。そこに不満があるのかもしれない。

私は念のため、本人と面談し、意思を確認した。すると「待遇には納得しています。来年も頑張ります」という返答があった。

しかし、私の耳には、ジュビロ磐田が千代反田の獲得に動いているという噂が届いていた。ジュビロはDFの那須《なす》大亮《だいすけ》のレイソルへの移籍がほぼ決まっていた。そこでDFを探し始めたが、うまく話が進まなかったらしい。だから慌てて千代反田に声を掛けてきたのではないだろうか。

12月10日過ぎに代理人がまた電話を掛けてきた。「ジュビロから獲得のオファーがグランパスに入りますので、よろしくお願いします」。こちらは、サイドバックの石櫃《いしびつ》洋祐《ようすけ》をヴィッセル神戸から獲得し、翌シーズンの体制を固めた後だ。通常、オファーを出すなら、遅くとも11月中に済ませるもので、こんな押し迫ってから声を掛けるのは常識外れだ。

DFに関しては、11年シーズンの終盤に高木《たかぎ》和道《かずみち》（現ヴィッセル）と千葉《ちば》和彦《かずひこ》（現サンフレッチェ広島）が移籍しそうだという話を聞いていたが、獲得は難しいと考え、動かなかった。闘莉王、増川、千代反田とセンターバックが3人もいたら、声を掛けても振られると思ったのだ。しかし、もっと早くジュビロが「千代反田が欲しい」と言ってくれていれば、グランパスは高木、千葉の獲得に動けたのだ。

過ぎたことを悔やんでいても仕方がない。再び本人を呼ぶと、「80パーセント、移籍するほうに傾いています」と言う。私は部下に対し、「本人と何回か交渉の席についていたうえに代理人とも接触していたのに、ちゃんとリサーチができてないじゃないか。どうして移籍の意思を察知できなかったんだ。それじゃ、ネゴシエートになってない!!」と怒りがこみあげてきたのも事実である。

もちろん本人と面談までした私にも責任がある。仕事にスキがあったのは否めない。

とにかく、千代反田自身がジュビロ移籍に傾いているのであれば、もうどうしようもない。心が離れた選手を無理に引き留めても、いいことはない。残留させることができたとしても、それではいいプレーはできないだろう。だから、私はこういう場合、選手を引き留めない。

千代反田が移籍したいと言っているのだ。部下を怒っても、仕方がない。急いで何らかの手を打たねばと考えた。そしてある選手のことを思い出す。09年からヴァンフォーレ甲府でプレーしていたダニエルだ。

ある代理人から「ダニエルが移籍を希望していますが、どうですか?」という話を聞いていたのだ。ヴァンフォーレは12年はＪ２に降格するので、チームに残るつもりがないのだろう。

私はさっそく代理人に電話を入れた。すでに他のクラブが動いている可能性もある。

「おい、ダニエルはどうなってる。まだ取れるか？」

本人はブラジルに帰っているという。ブラジルのクラブからオファーが来ると手遅れになるからなおさら急がなくてはならない。

選手の獲得には、稟議書《りんぎ》をつくって、クラブの了承を得る必要がある。12年に向けたチーム編成に関しては、11月15日にすでに稟議書を役員に回し、了承を得ていた。

それなのに、なぜいまになってダニエルを取らなくてはならないのか。その点をあらためて明確に示し、役員に理解してもらわなくてはならない。

書類には、ダニエルの獲得が経営面にマイナスに働かないことを強調して書き込んだ。

「千代反田には年間、これだけのお金がかかっています」

「出場率は何パーセントであり、来季の年俸はこれくらいになります」

「ジュビロへの移籍によって、これだけの移籍金が入ります」

「ダニエルの獲得には移籍金と年俸がこれだけかかります」

つまり、

「千代反田を放出することで、ダニエルを取っても、その経費は相殺《そうさい》されます」

書類には2人の顔写真を付け、細かな数字を書き入れ、お金の動きを矢印で示す図を書き、真ん中に「相殺」と記した。これによってクラブの役員に「損はないのだ」という印象を強く残すことができる。

私は慌ただしく役員を回り、承認の判をもらった。

次はダニエルへのアタックだ。ブラジルにいる代理人に連絡を入れると、移籍の意思があるという。仮契約書をFAXでブラジルに送り、サインをさせた。ここまで済んで、私は胸をなでおろした。

千代反田が移籍する意思を示してから電光石火でクラブ内外の話を進め、ほんの数日で話をまとめることができたのは奇跡的だ。GMには、こういう瞬発力がときに必要になる。

ダニエルはヴァンフォーレではセンターバックを務めていたが、ボランチもできる。闘莉王、増川と組ませて3バックにすることができるし、様々なオプションを考えることができる。身長186センチの高さがあるだけに、ケネディ（194センチ）、闘莉王（185センチ）、増川（191センチ）とともに迫力あるセットプレーが期待できる。

千代反田の予期せぬ移籍希望によって、11年の年末はバタバタしたが、何とか穴を埋めることができた。こういう〝事故〟みたいなことがあるから、GMは油断ができない。

思わぬことが突発したとき、慌てず適切に対処するためには、やはり常に正確で有益な情報が入るようにしておかなくてはならない。「ダニエルが移籍したがっている」という情報を耳にし、気に留めておかなかったら、速やかな対応はできなかっただろう。

だれが、どこで、どんなことをしようとしているのか。水面下での動きはできる限り、つかんでおかなくてはならない。

そういえば、レイソル時代の私が西野朗監督を解任した後、こんな情報を小耳にはさんだ。

「あるお好み焼き屋で、西野さんがガンバの強化部長と会ってましたよ」

私はすぐに思った。

「そうか、ガンバから声がかかっているんだ」

世間は西野が間を置かず、他のクラブで指揮をとるとは想像していなかっただろう。しかし、私は西野のガンバ監督就任の発表を聞いても、ちっとも驚かなかった。信用できる情報元から、正しい情報をつかんでいたから。

第6章 人を束ねる

選手に不信感を抱かせてはいけない

プロサッカー選手は個人事業主である。株式会社であるプロクラブの社員ではない。クラブと選手は交渉を経て、契約を結ぶ。その交渉の席で、クラブは選手に契約期間や報酬額などの条件を提示し、選手は契約するかどうかを検討し、了承すれば契約書にサインをする。

契約条件の項目は選手それぞれに違うものだが、報酬は基本給をベースに、出場給、勝利給などを付随《ふずい》させている。出場試合数、出場時間、勝利数（名古屋グランパスのように勝利給を採用していないクラブもある）によって年俸総額は変わる。さらに、グランパスでは優勝した場合や、日本代表に選出された場合のプレミアムも設定している。移籍する場合の移籍金の設定も契約書に記している。

当然、契約更改交渉の席では、年俸額が大きな争点になる。

プロ選手にとって、年俸とはすなわち自身の評価額となる。無関心であるはずがない。それ以前に生活がかかっているわけだから、みな自分を安く売りたくはない。

クラブとしては年俸の交渉で、選手に不信感を与えてはいけない。大事なのは公平性を保つこと。どの選手がいくらもらっているのかという情報は、すぐに選手間に伝わってしまう。そのとき、「なんであいつがあんなにもらって、オレがこれだけなの」と思われるようなことがあってはならない。同じような働きをしているのに、年俸に差が出るようではいけない。それではチーム内で健全な競争が行われない。選手たちのモラルの低下につながる。チームは人の集まりであるから、公平性を欠くと、ぎくしゃくするのだ。

「ごね得」は許さない

「強固なチームをつくるためには、しっかりとした査定制度を築き、公平な評価のもとで選手の年俸を決めなければならない」

Jリーグの事務局長から柏レイソルへ戻ったときから、私はそう考えていた。

そこで、まずは日立製作所の人事部に頼んで、社員の査定制度についての参考資料を見せてもらった。プロサッカークラブでは、一般企業とまったく同じ制度を導入するわけにはいかないが、大いに参考になった。そして、選手の評価を明確な数字で示すことのできる独自の査定制度をつくりあげた。クラブに明確な査定システムがあれば、年俸交渉にも公平性が生まれるはずだ。そうすれば毅然《きぜん》とした態度で、交渉に臨める。

多くのクラブがいまだに、きちんとした査定システムを持たずに年俸交渉をしているのではないかと思う。私が03年に移った清水エスパルスには、査定制度が確立されていなかったため、レイソルで使っていたものをベースにして新たな制度をつくった。グランパスでも同様に査定制度をつくった。

選手との契約交渉というのは、駆け引きの場となる。クラブが契約延長を望んだ選手が、なかなかサインをせずに粘ることがある。選手によっては、とりあえず、ごねる。

そういうときに、クラブの契約担当者がサインしてもらいたいがゆえに、何の根拠もなく最初の年俸提示額から上積みしてしまう場合がある。そんなことをするから、「ごねれば年俸は上がるのだな」と、選手に思われてしまう。〝ごね得〟が生じるのだ。これでは、潔くサインをした者が損をする。

Jリーグで合理的な査定システムが確立されていないのは、サッカーというスポーツの特性と関係があるのかもしれない。

野球なら打率、安打数、本塁打数、四死球の数、盗塁数、防御率、勝利数、奪三振数など、いくらでも選手を客観的に評価する数値があるが、サッカーにはゴール数、出場時間などしか、選手を評価する数値がない。だからプレーの評価を客観的に行うのが難しい。

しかし、客観的評価ができなければ、公平性は保てない。私は、サッカーにおいても選手を客観的評価をすることが可能だと思っている。

選手を7つのグループに分ける

「私はこういう仕組みで、みなさんの働きを査定します」

08年、グランパスのGMに就任した私は、春のキャンプで選手一人ひとりに新しい査定制度を説明した。そのとき示した仕組みは、レイソル、エスパルスでの経験を経たことで、より精度がアップし、合理的でスキのないものになっていた。

それを紹介しよう。

まずはグランパスの選手を実績に合わせてグループ分けする。

G1は日本代表選手、G2は元代表、G3はその他のレギュラークラスという順で、グループは7つ。そのうえで個々の選手の働きを、独自の基準をもとに評価し、AからGまでの7段階にランク付けをする。そのための評価基準は「①試合出場評価」「②試合評価」「③能力評価」「④練習評価」「⑤貢献度評価」「⑥日本代表評価」の6つとしている。

「①試合出場評価」は文字通り、Jリーグ、ナビスコカップ、天皇杯、ACLへの出場率のことだ。Jリーグ・データセンターから送られてくる公式記録をもとに計算する。査定ポイントは30点満点で、全試合にフル出場した選手を30点とし、たとえば全試合に30分ずつ（試合時間の3分の1）プレーした選手は10点となる。

次の「②試合評価」を担当するのは、GMである私の他に、強化部長、強化担当とコーチの合計4名だ。個人戦術、グループ戦術、チーム戦術、総合技術、状況判断、コンディショニング、安定感、モチベーション、集中力、規律の10項目について、10点満点で採点する。その平均点をもとに、30点満点の査定ポイントを算出する。たとえば評価担当者の全員が全項目で5点を付けたとしたら、査定ポイントは15点ということになる。

ホームゲームなら、評価担当者は試合後、すぐに採点し、寸評付きの「公式試合報告書」をまとめる。

寸評と採点はたとえば、こんな感じだ。

あるDFについて「集中力が高く、攻撃参加も積極的に行った」と評価し、点数は7・0。あるMFは「周りとの連携を考え、速い判断ができている。終盤、やや集中力が切れた」と評価し、点数は6・5。

途中出場したあるMFは「新人らしからぬ落ち着きと技術の高さで、観客を沸かせた」と評価し、点数は6・5。

サッカーでは監督が打ち出した戦術によって、個々のプレーが限定される場合がある。サイドバックの攻撃参加が少ないと映ったが、実は守備的に戦うという監督の指示を守って、オーバーラップを控えたということがある。

そうした事情をかんがみて評価しなければ、公平ではなくなる。だから、強化担当の竹林京介には試合前のミーティングに必ず出席させ、監督の指示を聞かせている。竹林の報告をもとに、われわれは選手を評価している。

「③能力評価」は、日々の練習や練習試合をもとに、4人のコーチが毎月1回、10点満点で選手を採点している。評価する項目は20ある。「攻撃戦術・個人」「攻撃戦術・グループ」「攻撃戦術・チーム」に始まって、「速さ」「強さ」「状況判断」や「向上心」「協調性」「負けず嫌い」といった性格面まで含まれる。全項目の評価点の平均点を査定ポイント（10点満点）とする。

「④練習評価」は、まさに練習に取り組む姿勢のことだ。

これも4人のコーチが毎月、「向上心」「理解度」「練習態度」「規律」「出席率」「トレーニング」「体調管理」という10項目を10点満点で採点する。そして、ここでも全項目の平均点を出し、20点満点の査定ポイントを算出する。

練習態度まで数値化した評価をし、年俸に反映させているクラブは他にないかもしれない。グランパスは茶髪、ヒゲを禁じ、規律を重んじているので、この項目の評価は欠かせない。この10項目は、つまりプロ選手としての姿勢を評価しているわけだ。規律が守れず、向上心がないようでは、戦術理解はできないし、コンディションは整えられない。「練習評価」は実は「試合評価」や「能力評価」にリンクしている。

グランパスが選手に求めているのは、ピッチでのレベルの高いプレーだけではない。「地域のスポーツ文化の醸成《じょうせい》」をクラブの理念に掲げているのだから、クラブが展開している地域貢献活動にも積極的にかかわってもらいたい。

そこで「⑤貢献度評価」という基準を設けている。営業の担当者が9つの項目を5点満点で年に一度、採点する。その平均点をもとに、10点満点の査定ポイントを算出する。9つの項目とは「各種イベント参加」「マスコミへの露出」「チケット購入」「グッズ購入」「グッズ売り上げ」「日本代表選出」「取材・イベント対応」「社会福祉への協力」「生活態度」だ。選手がこれらの活動をすれば、当然、クラブのイメージ、ブランド力がアップするのだから、この点も評価している。

①試合出場評価＝30点
②試合評価＝30点
③能力評価＝10点
④練習評価＝20点
⑤貢献度評価＝10点

ここまでの5つの評価で満点を取ると、100点ということになる。

「⑥日本代表評価」はプラスアルファの部分だ。

これはまず、日本代表、五輪代表のメンバーに選ばれれば5点、さらに試合に出ると5点

（何試合出ても同じ）が加算される。グランパスの選手が日本代表に選ばれれば、それだけクラブが注目され、クラブの価値、グレードが高まる。そこをきちんと評価しなければならない。

いま、日本プロサッカー選手会は日本サッカー協会に対して、代表選手への報酬アップを要求してきている。日本協会は日本代表の事業で稼いでいるのだから、試合の出場時間に応じた報酬をもっと上げてほしいという要求だ。いまの仕組みでは、日本協会から選手に直接、代表報酬が行くことになっている。

私の考え方はこうだ。

日本協会は代表選手を輩出したクラブに報酬を配分し、それをクラブが選手に払う。たとえば日本協会から1人70万円出るとするなら、グランパスの査定はそれにクラブによる「代表評価」分の30万円を上乗せして、１００万円を払うというようなことをする。そのほうが仕組みとしてすっきりするような気がする。

代表選手は働いて当たり前

グランパスの査定制度は複数の評価担当者によって、多角的に行われている。

５つの評価基準をもとにした採点を合算すると、１００点満点（プラスアルファの日本代表評価は除く）の査定ポイントが出てくる。そのポイントをもとに、選手をＡからＧまでの7段階にランク付けするのだ。その前段階として、選手をG1からG7という査定クラスにグループ分けしてある。

たとえば10年には、代表クラスであるG1に入っていたのは楢﨑正剛、闘莉王、玉田圭司、田中隼磨とケネディ、ブルザノビッチらの外国人選手。元代表のG2には中村直志、G3には三都主《さんとす》アレサンドロが入っていた。

採点がすべて終了すると、各選手がどのグループにいて、どのランクの評価を受けたのかが確定する。それをもとに年俸の増減率を決めるのだ。増減率は、査定ポイントによるランクが同じでも、該当選手がどのグループに入っているかによって違う。

たとえばG1の選手はAランクでも年俸は5％しかアップしないが、G2の選手がAランクの評価をもらうと10％アップ、G3がAランクをもらうと20％アップするようになっている。また、G1の選手がDランクの低評価だと年俸が10％ダウンするのに対し、G2の選手は5％のダウンにとどまり、G3の選手はDランクでも現状維持となる。

日本代表クラスの選手はすでに高年俸を得ており、高い評価の働きをするのが使命になっている。「代表選手ならそのくらいは働いて当然」ということだ。だから、増額率は低く、減額率は高い。いい評価でも年俸は急には上がらない。逆に、ひどい働きだと急に年俸を削られる。まだ代表に入っていない若い選手が高い評価をもらえば、急激な割合で年俸が上がる。

08年に小川佳純はJリーグの新人王とベストイレブンに輝く活躍をみせた。小川は当時まだG4に位置したため、年俸は30％ほどアップした。ちなみに、このアップ率は目安であって、そのままの提示をするわけではない。

選手が抵抗できない査定システム

1シーズンにわたって、様々な担当者が評価した結果は選手にもきちんと公開する。自分はどの評価基準で何点を取り、総合の査定ポイントが何点で、どのランクに入っているのかがわかる。グランパスの年俸交渉は透明性が保たれている。

最近では契約交渉に代理人を立てる選手も多い。その場合は契約更改交渉の前に代理人にデータを示し、「1年間、このようにきちんと評価してきています。試合出場率はこうで、練習態度はこうです。したがって年俸は20％の減額になります」と説明しておく。

選手を交えた交渉の席では、プロジェクターで数字を映し出して、評価を一目瞭然とする。「さあ、玉田さん」と言って、パソコンのキーをポンと押せば、データがパッと出る。評価の低い選手の顔は青ざめる。

たとえば、G4のある選手は出場評価が23・1、試合評価が14・9、能力評価が7・8、練習評価が17・6、貢献度評価が5・9、代表評価が5・0で総合ポイントは74・3のBランクで、年俸は20%アップ（目安）という具合に数字が出てくる。

パソコンの中にデータ化されている試合ごとの採点、能力評価、練習評価、貢献度評価の月ごとの採点も示す。試合評価を横軸に、能力評価・練習評価を縦軸にして、各選手がどういうポイントなのかを示すグラフをつくり、他の選手の評価も見せるので、自分がチーム内でどの位置にいるかが明らかになる。

「自分は試合には出ているが、練習態度が評価されていない」というようなことを選手自身が瞬時に理解できる。そして、評価に公平性が保たれていることに気づくはずだ。

選手は自分で、どの試合で点を取った、どの試合でアシストしたというメモをつけていて、交渉の席に持ってくることがある。

選手は「ここで僕は得点を決めています」と良かった試合のことばかり話すが、こちらは1年を通しての評価をきちんとつけている。だから、データを見せながら、「でもねえ、その試合の後はしばらく、精彩を欠いていましたよねえ」と伝えることができる。そう指摘されると、選手は黙ってしまう。

ここまで細かく総合的に評価されているのを見せられると、選手は何も言えない。代理人も何も言えない。抵抗のしようがないのだ。あいまいな感覚で行うドンブリ勘定の契約交渉とは違う。ごね得など起こりえない。選手は納得して、サインをする。レイソルでもエスパルスでもそうだったが、契約交渉で越年したことなどない。

この査定システムのソフトの開発には実は1500万円ほどかかっているが、それだけの価値はある。採点するのは大変な手間だが、逆に年末の契約更改の席上で、もめごとが起きないのだから、結果的には非常に楽で、仕事の効率は格段にあがる。

選手も契約問題でストレスを感じないはずだ。公平に合理的に評価されているから、クラブへの不信感が生じる余地がない。その年の査定ポイントを見れば、どの点で頑張れば今後、年俸が上がるのかもわかる。選手にとっても、ありがたいシステムだろう。

この評価表はクラブの取締役への説明にも使う。

日々、選手を総合的に採点して、合理的な査定をしていることを示せば、取締役会も総年俸の確定に快く応じてくれる。それでも、ときに年俸総額を大幅に削られてしまうことがある。こうなると選手個々の年俸を下げざるをえない。そういうときでも、この査定システムのソフトを使えば、何も悩まなくて済む。総年俸額を入力すれば、評価に応じ個々の選手の年俸がポンとはじき出されるようになっている。取締役会で、その数字を指し「この金額では闘莉王は納得してくれないでしょう。移籍を考えるかもしれません。そうなると優勝は難しいかもしれません」と言うこともできる。

さらなるデータ化を進めたい

私は、選手に関するデータ化をいま以上に進めていきたいと考えている。年俸の推移だけではなく、病歴や故障歴などをすべて網羅したデータをつくり、それをJリーグ全体で共有できたらいいのではと思うのだ。

ジュニアユース（中学）、ユース（高校）の時代からデータを打ち込んでいき、プロにつなげる。もし、トップチームに昇格できず、大学へ進むのなら、大学のサッカー部に選手のデータを渡してもいい。大学がデータ化を引き継ぎ、その選手が卒業後、プロ入りできたら、またJクラブがデータを引き取る。

移籍をした場合にも、移籍先のクラブにデータを引き継いでもらう。データをリーグで共有していれば、ある選手を獲得しようと狙っているときに、パソコンで選手名を打ち込めば履歴がすべて出てくるというのも可能になる。

「この選手は18歳のときにこういうケガをしている。どこの病院で治療して、2年後のシーズンにはこれだけ出場できるまでに回復した」

などのデータが簡単に手に入れば便利だろう。

監督やコーチに関しても、同様のものがつくれるかもしれない。そういうものができれば、クラブだけでなく代理人も利用できる。しかし、そういったシステムは1クラブが考えて、つくるものではなくて、Jリーグが主導して開発すべきものかもしれない。

選手とは食事をしない

契約交渉の席では、フロントと選手は対等な立場を保って、交渉を進めなくてはならない。だから、契約交渉の席では丁寧な言葉を使う。

玉田に「タマちゃん、年俸、これくらいでいいでしょ」なんて言葉遣いは間違ってもしない。選手は「社長」なのだから、〝タマちゃん〟とは呼べない。〝玉田さん〟〝闘莉王さん〟〝楢﨑選手〟と必ず敬称付きで呼び、「いいですか、では、交渉を始めましょう」と重々しい感じで口火を切る。

クラブのフロントは、選手よりも上の立場にいるわけではない。自分が獲得してきた選手だからといって、「オレの言うことを何でも聞け」というのは間違い。選手はGMの部下ではないので、対等であることを常に忘れてはいけない。決して「おまえはオレがプロにしてやったんだ」という不遜《ふそん》な態度をとってはならない。高飛車な態度をとると、選手との関係が崩れ、選手のクラブへの忠誠心はたちまち薄れてしまう。

とはいえ、選手とフロントの関係は冷めたものではない。そこには強い絆が芽生えているし、自分が獲得した選手に対して、親心のようなものを感じている。元気のない選手を見ると「ちょっとグチでも聞いてやるか」と考えることもある。

しかし、選手との距離の取り方には細心の注意を払う。あまり近づきすぎてはいけないと私は考えている。できれば、一線を引いたほうがいいくらい。スカウトなどには「個人的に、選手と食事に出かけるな」と言い渡してある。

一人の選手だけを連れ出したら、その他の選手がおもしろくないだろう。「どうして、あいつだけなんだ？」ということになる。私もきわめて特別なケース以外はプライベートな時間で選手と食事をしないことにしている。

選手がいつまでもひとつのクラブに忠誠を誓い、プレーし続けてくれると考えるのも間違いだ。10年に国内移籍のルールが変わったため、契約が満了した選手は移籍金なしで自由に移籍できる。他クラブに高い年俸を積まれたら、選手はそちらへ移っていく可能性も高まった。選手のほうが強い立場にいると言ってもいい。「ドライな時代になったものだなあ」とも思うが、選手は個人事業主なのだから、条件のいいところで働くのは当然だろう。

実績によって選手の扱いは変わってくる

選手たちに、遊びに出てはいけないとは言っていない。ただ、闘莉王や楢﨑には許すが、他の選手には許さなかったり、厳しく当たることもある。

なぜなら、実績が違うからだ。

例えば楢﨑は長い間、グランパスのために貢献してきたのだから、新人選手のように扱ったら、かえっておかしなことになる。実績や実力に応じて、その選手のことを尊重しなければならない。

私は公平性を大事にしている。しかし、すべての選手を同じように扱うのが、「平等」というわけではない。それでは悪平等になる。ここは大事なポイントだ。すべての選手を同じように扱うと、かえって組織がぎくしゃくとしてしまう。「こんなことまでオレにやらせるのかよ」と思われるようなことを、実績のある選手にやらせてはいけない。Aランク、Bランクの選手はBランクに相応する扱いをする。選手の立場を尊重するとは、そういうことだ。Aランクを甘やかし、B、Cランクにつらく当たるというわけではない。AランクとB、Cランクを差別しているわけでもない。

競争原理を働かせ、組織をうまく運営していくには、「AランクとB、Cランクの間には一線がある」ということを選手自身に認識させる必要がある。

私が厳しいことを言わずとも、Aランクの選手は油断はしない。ランクが上がれば上がるほど、選手は誇りと責任を胸に戦ってくれている。

脳のフックにかかる話をする

　契約交渉とは別に、年に2度、キャンプ期間などを利用して、すべての選手と個人面談を行い、1対1でゆっくり話す。こういう席で、いかに選手の心を引きつけられるかが、組織運営のカギだ。営業に喩えれば、選手はいわばお客さん。どういうところから彼らの懐《ふところ》に入り、どう攻めればいいかのコツはつかんでいる。

　私は選手との面談でホワイトボードを使う。そこに名古屋市内の地図を貼り、「ここにある、○×※△というお店に行ったことありますか？」と地図を指さしながら尋ねる。GMとの個人面談なのだから、選手はサッカーの話をするのだろうと思っている。だから、私が名古屋のお店の話を切り出すと、選手は目を丸くする。

「ここのソムリエのお姉さん、どうだった？」と質問を重ねていくと、選手の表情が自然と緩む。緊張した雰囲気では、相手の本音を引き出せない。意外な話から切り出すことで選手の肩の力が抜け、コミュニケーションが図りやすくなる。

　若い選手ほど、女性の話などから、面談を始めたほうがいい。そうやって相手の心を解きほぐしたところで、肝心な話に入る。

　大事なことを伝えるために、こんな質問をしたこともある。

「ここにおいしいものがあります。これを長さ2メートルの箸を使って食べなければならないとすると、どうやって食べますか？」

選手たちは「久米のおっさん、変な質問するなあ」という顔をする。確かに変な質問かもしれない。現在はオランダでプレーしている吉田麻也はこんな答えを出してきた。

「箸を短く持って、こうすればいいんでしょ」

箸の先から20～30センチのところを持てば、おいしいものをつかめるかもしれない。しかし、それでは芸がない。

「箸はそんなところ持ちませんよね。端（ハシ）を持つから箸なんですから」と一蹴して、箸を長く持つことをイメージさせる。禅問答のような会話のなかで、吉田は「ところでおいしいものって何ですか？」と苦し紛れに話題を変えようとする。僕は「ケーキでもリンゴでも何でもいいよ」とあっさりと話題を戻す。

「ブスッと、箸の先を刺して食べればいいんじゃないですか」

私が満足できるような答えは返ってこない。

「それはお行儀が悪いです。人を使うとか、考えないのですか？　サッカーでは人を使っているじゃないですか」とヒントを与えると、ようやく「あっ、そうか。2メートルの箸をだれかに操作してもらって、食べさせっこすればいいんだ」と気づく。一人が箸を使い、相手においしいものを食べさせるのだ。

そこで私はすかさず、助け合いの精神、チームプレーの大切さという話に移る。

「サイドバックの田中隼磨が攻撃参加するとき、守備に穴ができる。そんなとき麻也さんはどうすべきだと思う？　近くにいる選手に、ちょっと下がってくれと指示するんじゃないですか。そうすれば、相手に穴を突かれる危険がなくなる。箸の例は極端だけれど、サッカーも、そういうものですよね」

そんな感じで話を進めていくと、私が伝えたいメッセージを選手が理解しやすいのではないだろうか。単に「チームプレーは大事なのだ」と、当たり前の言い方で繰り返してもインパクトは弱い。そんな話は逆の耳から抜けていくから、やや変な喩えでも脳のフックに引っ掛かる話をする。

だから私は選手に応じて、様々な喩え話を用意し、こちらの思いが選手の心に響くように工夫をこらす。直球ではなく、変化球を投げるのだ。

「久米のおやじは、おもしろいなぁ～」と思ってもらえたら成功だ。

私は直接的に話さないから、選手は「久米さんは何が言いたいのだろう」と自分で考えなくてはならない。幅広いテーマの話を耳にすることで、彼らの人間としての深みも出てくる。グランパスというクラブに所属している間に、人間として成長してもらいたい。幅や深みが出てくれば、プレーにも深みが出てくるような気がする。

そのために常に私は、話のネタを仕込んでいる。

人と話をしていて、「あっ、これはネタになるな」と思ったら、覚えておくようにしている し、紙とペンがあれば、その場でメモをとる。本や新聞を読んで、メモをとることも多い。

選手にこういう訓話《くんわ》を頻繁にしているわけではない。個人面談をするのはキャンプのときだけだ。ふだんは黙って、陰から選手の様子を観察している。ただし、ちょっと元気がない選手がいたら、つかまえて声を掛けることもある。もちろん食事に誘うことも、部屋へ呼ぶこともなく、みんなが見ている場所での立ち話だ。

「最近、彼女のほうはどうだ？　もしかして、うまくいってないんじゃないのか？」

「わかりますか……」と選手は驚く。

選手の顔や態度を見ていれば、私生活で何か問題があったなということは、大抵わかる。そういうときは、バカ話をしたほうがいいのだ。サッカーの話をすると、かえって良くない。それが出番に恵まれていない選手だったりすると、なおさらだ。多少品のない話をして、笑いを誘う。それで彼女との仲がよくなるわけではないが、GMが自分を見ていてくれている、気に掛けてくれているとわかるだけでも、選手の気持ちは上向くのではないだろうか。話しかけなくてもいいので、毎日、ちらっと姿を見せておく。目を合わせておく。そこが大切なのだ。

玉田圭司との縁

「久米さん、うちに来るんでしょ？」

グランパスのGMへの就任が決まり、イタリアで休暇を取っていると、玉田から国際電話が入った。

「そうだけど、おまえは今度、フランス（のクラブ）へ行くらしいじゃないか。新聞で読んだぞ。おまえなんかいらないよ」と突き放した。すると「フランスになんて行きません。でも、聞いてくださいよ」と契約更改交渉についてのグチをこぼし始めた。

「こんなに年俸を落とされるんですよ」

「でも、試合に十分、出てないんだから、しょうがないだろう」

そんなやりとりをした後、私の帰国後、名古屋の寿司屋で会う約束をした。

玉田は、私がレイソルで強化本部長を務めていたとき、習志野高校から獲得した。レイソルは私が去った後の06年にJ2に降格したため、玉田はその年、グランパスへ移籍。そして、08年、玉田は契約を巡ってグランパスともめていた。

電話では〝いらないよ〟と突き放したが、玉田はグランパスには欠かせないアタッカーだ。スピードがあり、足元の高い技術があり、得点センスがある。相手DFを背負って勝負するストライカーではないが、ドリブラーでありながら、点取り屋でもある。04年にジーコ監督にその能力を買われ、日本代表に定着。04年アジアカップのバーレーン戦や、ワールドカップドイツ大会のブラジル戦などで印象的なゴールを決めている。しかし、グランパスでは期待されたほどの活躍ができておらず、特に07年は故障が響いて、14試合しか出ていなかった。

約束した寿司店での席で、私は玉田に元日の天皇杯決勝で日本代表の岡田武史《おかだたけし》監督（当時）と会ったときのことを伝えた。岡田監督は私にこういう話をしてきた。

「久米さん、グランパスに移るのはほぼ決まりですよね？　ワールドカップの予選と本戦を戦ううえで、玉田は欠かせない選手です。なんとか、玉田を復活させてください」

すかさず私は尋ねた。

「必ず復活させますよ。だから、オレが〝玉田、良くなったぞ〟と伝えたら、代表に呼んでくれるか？」

「もちろん呼びます」と岡田監督から確約を取った。

そのうえで玉田と会ったのだ。

「岡田がおまえを復活させてくれと言ってたぞ」

私はさっそく、その話を持ち出した。

「そ、そんなわけないですよ！」と疑うので、「じゃあ、いま岡田に電話して確認しようか」と言うと、「いえ、そこまでしなくてもいいです」と玉田が止めるので、電話はしなかった。

しかし、玉田は私の話を聞いて、喜んだと思う。

私はこう付け加えた。

「とにかくキャンプでガンガンやれ。復調したら、岡田に代表に呼んでくれと話す」

そうやって選手を刺激し、乗せるのが、GMである私の大事な仕事のひとつだ。

玉田は狙いどおり、08年のキャンプで走りまくった。ドラガン・ストイコビッチ監督は玉田の資質を高く買い、ケネディとともに攻撃の軸に置いた。08年は31試合、09年は27試合に出場、優勝した10年には29試合で自己最多の13ゴールを決めた。

日本代表の岡田監督は約束を守ってくれた。08年3月には早くも玉田を招集。約2年ぶりに代表へ復帰した玉田はワールドカップ予選を戦った。残念ながら、ワールドカップ南アフリカ大会での出番は少なかった（4試合中、2試合に途中出場）が、見事に復調してくれた。

選手には気持ちよく働いてもらう必要がある。試合に使われるかどうかは、監督の好みや思惑によるところもあるが、前向きな気持ちを持たせ続けられれば、少なくとも選手の力は伸びる。

会議には台本も必要

その寿司店で玉田にはもうひとつ約束をしてもらった。いや、約束というより、私からのお願いだった。チーム始動日のミーティングで「試合に勝つためにはどうしたらいいんだ」と尋ねるから、「僕が点を入れれば、勝ちます」と答えてほしいと注文したのだ。私にとってそのミーティングは、グランパスの選手を前にした初めての仕事。大事なミーティングだ。事前にシナリオが必要だった。

「玉田さん、グランパスが試合に勝つためには、どうしたらいいんでしょう?」

「僕が点を取れれば、勝ちます」

玉田はそう答えてくれた。

そのとき、私はキャプテンの楢﨑にも同じ質問をした。

「楢﨑さん、試合に勝つためには、どうしたらいいんでしょう」

「僕が失点しなければ、勝ちます」

賢い彼は事前の打ち合わせもないのに見事に答えてくれた。

こうなってくると話はスムーズに転がっていく。

「そうですよね、玉田さんが点を取って、楢﨑さんが守れば、勝てますよね」と続けておいて、そこから話を大きく展開させた。

「この話にはまだ続きがあります。勝つとはどういうことですか。勝つとは、負けないということですよね。試合に負けないためには、どうしたらいいでしょうか」と問うた。

さらに続けた。

「僕が望んでいるのは、一人ひとりが自分自身に負けないでほしいということです。自分自身に負けずに、常に100パーセントの力を出してほしいのです。

トレーニングで毎日、走るのは苦しい。試合の最後の10分は苦しい。それでも、足を止めないでほしい。そこでさらに一歩踏み出し、壁をガンと突き破ってしまえば、その先のおいしいものを手に入れることができるのだと思ってほしいのです。

これは私についても、同じことが言えます。チームを編成する私もサポーターから非難されるかもしれないですし、トヨタの役員の方々から、きついことを言われるかもしれない。だから、私はサポーターともトヨタの幹部とも勝負をしなければならない。

そして、さらに他の17チームとの戦いがあります。そこで負けるわけにもいきません。それ以前に、私は自分自身に負けるわけにはいきません。ちょっとは新天地の名古屋で遊びもするかもしれないけれど、勝つためにはきちんと襟《えり》を正して戦わなくてはなりません。負けない、というのは、選手もフロントもみんな同じなのです」

そういう話をしたのは、選手にタフな人間になってもらいたかったからだ。自分に厳しくし、戦いに挑んでほしかった。さらに、現場とフロントは一緒に戦っていくのだという意識づけをしておきたかった。グランパスというクラブに所属している人間は、みんな心をひとつにして戦うのだと。

グランパスは、05年から14位、7位、11位と低迷していた。長く勝てないでいると、勝者のメンタリティは育みにくい。GMに就任した当初の私の主たる仕事は、選手をタフにすることだった。そのために、私は選手の意識を変えていかなければならないと考えていた。

勝つ集団にするには、一つひとつの個を強くしていかなければならない。選手一人ひとりが自分というものを強く持って戦っていかなくてはならない。だから、私は「自分に負けないでほしい」と訴えた。そして、われわれフロントも自分に負けないと誓ったのだ。ストイコビッチ監督もその話に耳を傾けてくれていた。

頂点に立つためには〝勝者のメンタリティが必要〟だと言われる。それはなんだと問われると、答えるのが難しいが、自分を強く持って、自分に負けずに、相手に挑んでいけるかどうかということと、そう考えている。

ノートをとらない選手

監督やコーチが大事な話をしているというのに、いまの選手はメモをとらない。ミーティングにノートを持ってくる選手はまずいない。審判委員会が実施している春のルール研修のときですら、ペンやノートを持たずに来る選手がいるという。最後に試験をするというのに。

残念ながら、グランパスの多くの選手にもメモをとる習慣がない。

「僕はノートに書いておかないと、すぐに忘れちゃうけど、きみたちはよっぽど頭がいいんですね」と皮肉を言うが、それでもメモをとらない。

もちろん、なかには練習ノートをきちんとつけている選手もいる。

エスパルスでは大前元紀が手帳によくメモをしていた。中学時代から書き続けているらしい。グランパスでは闘莉王が監督の話やトレーニングでしたことを書き残している。日本代表の藤本淳吾や長谷部《はせべ》誠《まこと》（ヴォルフスブルク）もノートをとり、練習内容や指導者に言われたことを振り返っている。そうやって自分が抱えている問題を頭のなかで整理したり、不振のときの対処法を見いだしたりしている。そういう選手はいい指導者になるだろう。

その日、どんな練習をして、その練習のテーマはどういうことで、何ができて何ができなかったのかということを、きちんと書き残しておくべきだろう。そうしないと、チームの課題、自分の課題が見えてこない。書くことによって、自身を客観的に見ることができるし、いろいろなことを考えることになる。そうやって考えたことが頭に残る。また、読み返すことによって、似たような問題に対峙したときに解決できる。

第7章

GMは教育者である

コーチはサッカーを教えるだけではない

Jリーグのクラブはプロチームだけでなく、ユース（高校生）、ジュニアユース（中学生）、ジュニア（小学生）と年代別のチームを抱えており、若年層の育成にも当たっている。またサッカースクールを開催して、競技の普及にも力を入れている。GMである私の仕事はプロのトップチームだけでなく、そうした育成組織の管理にも及んでいる。

「コーチは毎日、新聞を読んでいますか？」

育成組織のコーチ、サッカースクールのコーチとの契約交渉の際、私は彼らに尋ねる。なぜ、そんな問いをするかと言えば、やはり読んでいないコーチもかなりの割合でいるからだ。

しかし、それでは困る。「新聞も読まないでいて、子どもたちにはどういう話をするの？」。

そう尋ねると、彼らは「サッカーの話を……」と言いたげな目で私を見る。

コーチというのは、特に育成年代のコーチというのはサッカーだけを教えるためにいるわけではない。サイドキック、インステップキック、トラップ、ドリブル。そんなものは教えなくても、見よう見まねで、だれでもできるようになると私は思っている。

大事なのはそんなことではない。子どもたちは、「きょうはコーチがどんな話をしてくれるだろうか」と期待している。だというのに、コーチの頭のなかが空っぽだったら、がっかりする。

自分が小学生だったころを思い出してもらいたい。算数の解き方より、先生の失敗談などを聞くほうが楽しかったはずだ。授業中に先生が脇道にそれて、そういう話を始めると、耳を傾けた。そういう話のほうが心に響き、頭に残る。

子どもたちにとって、コーチとは先生だということを忘れないでほしい。コーチは自分が何を学び、身につけてきているのか、どういう思想を持った人間なのか、どんな生き方をしてきたのかを、子どもたちに示さなくてはならない。そういうことを示せるコーチこそが、いいコーチなのだ。

コーチが興味深い話をすれば、子どもたちは引き込まれる。何かを感じる。そして、何かが肉付けされる。そこが重要なのだ。育成、普及コーチには、いい人間を育ててもらいたい。技術力の高いだけの選手をつくるだけではなく、深みのある人間をつくってもらいたい。

育成組織にはトップチームへの選手供給という意味合いもある。しかし、ユースからトップチームに昇格できる選手は1学年で1人か2人だ。ゼロの年だってある。なかには他のクラブでプロになる選手もいるが、サッカー以外の仕事に就く子どものほうが圧倒的に多い。だからこそ、われわれはサッカーというツールを使い、子どもたちを育てるという意識を持たなくてはならない。人づくりも仕事なのだと、強く意識しなければいけない。

地元の歴史に精通する

コーチたちに私はこういうことも、よく尋ねる。

「犬山城の天守閣にのぼったことある？　岐阜城は？」

犬山城は国宝でもある名城であるというのに、大抵は「のぼったことがない」と答える。

さらに私は聞く。

「斎藤道三《さいとうどうさん》がどういう人生を歩んだか、知ってる？」

道三は美濃の戦国大名で、僧侶から油商人となり、戦国大名に成り上がったと言われている。最期は実子である義龍《よしたつ》に敗れ、激動の人生の幕を閉じた。

名古屋グランパスのコーチだったら、このくらいのことは知っておいてもらいたい。これも大抵「知りません」となる。そういうことでは困るのだ。だから、厳しく言う。

地元の歴史を語れば、飛びついてくる子どもがいるはずだ。子どもたちの歴史への興味を喚《かん》起《き》することができるし、郷土愛も育まれる。コーチも子どもたちも一緒に、郷土愛を持つことができる。郷土愛が育まれれば、グランパスへの愛着がより強くなるだろう。ホームタウンへの誇り、地元への愛着を育むのも、Jリーグのクラブの責務だと思っている。

「ここは桶狭間の合戦のあったところか」

「どちらの陣営が何万人で、どちらが何千人だったんだっけ」

「どっちが、どういう戦法で勝ったんだっけ」

子どもたちはコーチの言葉を純粋に受け止める。大人が想像している以上に、大人の言葉は子どもたちの人生に多大な影響を与える。どんな話を聞いたかによって、子どもの生き方さえも変わる。だからこそ、様々な話題を提供し、彼らの興味を引き付け、好奇心を喚起してほしい。人生の先輩としての尊敬を集めることもできるはずだし、それが指導に生きてくる。

子どもたちをサッカーができる喜びを考える人間に育てていくのも、コーチの重要な仕事だろう。

「赤い人間」を大切にしないと

人には郷土愛というものがある。生まれ育った土地には愛着がある。社会人になって故郷を離れてしまっても、心の底に望郷の念があるはずだ。

プロサッカー選手の場合、最初に着たユニホームの色に愛着を感じるものだ。グランパスの赤いユニホームを最初に着た選手は、「赤い人間」になるものだ。クラブは、選手のそんな思いを大切にしなければならないと思っている。できれば、赤い人間がクラブ運営の中核を占めるべきだろう。指導現場には赤い人間がそろっていたほうがいい。

最初に赤いユニホームに袖を通す決断に至るには、何らかの理由があったはずだ。最初に赤いユニホームを着たときに、感じたことがあるだろう。そのときの気持ちを大切にするべきではないだろうか。

指導現場にそういう指導者がいたら、クラブのために本気になって仕事をするはずだ。その指導者のクラブへの愛は自然と選手に伝わるはずだ。そうやって、またグランパスを愛する選手が育っていく。

現在、トップチームでは、グランパスの草創期にプレーした飯島寿久《いいじまかずひさ》と伊藤裕二《いとうゆうじ》がコーチを務めている。育成組織のコーチをしている広野耕一《ひろのこういち》もグランパスの人間と言っていい。普及コーチの氏原良二《うじはらりようじ》はグランパスのユース育ちだ。

しかし、これではまだ赤い人間が少なすぎる。残念なことに、過去グランパスは次々と選手を移籍させ、獲得してきた。無闇に選手を入れ替えていたため、グランパスで育った人間が散ってしまっている。

柏レイソルの育成組織を見ると、レイソル育ちの黄色い人間が数多く在籍し、指導に当たっている。U－18監督の下平隆宏《しもたいらたかひろ》は日立製作所時代からプレーしていた選手であり、U－15コーチの根引謙介《ねびきけんすけ》はレイソルのユース育ち。U－12監督の渡辺毅とコーチの平山智規《ひらやまとものり》は現役時代をレイソル一筋で通した選手だ。さらにU－15監督の酒井直樹《さかいなおき》とU－12コーチの永井俊太《ながいしゅんた》も最初に黄色いユニホームに袖を通した選手だ。

レイソルの強化のトップにいる小見幸隆《おみゆきたか》さん（チーム統括本部ダイレクター）と竹本一彦《たけもとかずひこ》さん（シニアダイレクター）がヴェルディ川崎（現東京ヴェルディ）出身者であることもあり、一時期、レイソルがヴェルディ・カラーの緑色に染まることを危惧する声が高まったが、育成組織を見れば、レイソルが黄色い人間を大事にしていることがわかる。だから小見さん、竹本さんにもJリーグ優勝という、サッカーの神様が降りてきて、優勝できたのだと思う。

私は日立製作所のサッカー部でプレーし、レイソルの強化に9年間、携わった人間だ。日立のために、レイソルのためにと全力を注いだ。だから、自分の身体には「黄色い血」が残っている。それを隠すつもりはない。だから、11年のレイソルの初優勝はうれしかった。グランパスが優勝できなかった悔しさは強かったが、その一方で「レイソルが優勝できて、良かったな」という気持ちも抱いた。

〝血の色〟というのは、そう簡単に入れ替わるものではない。だからこそ、クラブはその血を大事にしていかなければならない。

本名は久米一全

レイソル時代の話だ。あるチームが「火の神様」に必勝祈願をしていると聞いた。そのチームに勝つにはどうしたらいいのかと、いろいろ考えた。そこで見つけたのが「火伏せの神様」

だった。火伏せの神様にお参りして、火を消してしまえば勝てると思い、お参りに行き始めた。するとそのチームには負けなくなった。

勝負師というのは、そのくらいのことをしなければいけない。

勝つためなら、何でもする。信心深くならないと、運は引き寄せられない。

だから私はいろいろ験《げん》をかつぐ。

「試合前にこの人と話すと勝率が悪い」ということに気づいたら、なるべく顔を合わせないように努力する。

実はレイソルの強化本部長時代に母の勧めで名前も変えている。もとの名前は「一全」と書いて「かずまさ」だった。愛知県の古刹《こさつ》のお坊さんに付けてもらった名前で、「ひとつのことを全うする」という意味だ。非常にいい名前でとても気に入っている。

しかし、母が人からこういうことを聞いてきた。

久米の最初の「久」と最後の「全」の画数を足すと9画になる。それを8画にしたほうが、人脈が広がるというのだ。末広がりの「八」画にしたほうがいいと。仕事柄、人脈はできるだけ広げたい私は、素直にそのアドバイスを受け入れ、新たに「一正」と命名してもらった。

これなら「久」と「正」を合わせて8画になる。戸籍は「一全」のままにしているが、効き目はあったのかもしれない。何しろ当時は想像もしなかったことだが、こうやってクラブを渡り歩き、人脈が確実に広がった。この話には、8画にしたから名古屋グランパス〝エイト〟との縁が結ばれました、というオチがつく。これもまた、縁起担ぎみたいなものだ。

選手がさわやかになった

毎年、グランパスはシーズン開幕前と終了後に、スポンサー関係者を集めた報告会を開いている。12月の報告会には主力選手が6、7人参加し、スポンサーの方々と接する。

「選手がきれいになりましたね」

参加者の方々、特に女性から、そういう声が聞こえてきたのは、私がGMに就任した08年のシーズンを終えての報告会だった。少し前までは、髪型は色とりどり、スーツの着方もだらしなく、姿勢の悪いものもいた。それが改善されつつあるのは、私自身も感じていることだったが、第三者からの言葉はうれしかった。

09年にはさらに身ぎれいになり、Jリーグの優勝報告会という形にした10年に参加した選手たちの姿は、立派だった。自分たちが公人であるということを意識していることが伝わってきた。

例えば玉田圭司も小川佳純も格好良くなったし、中村直志もこざっぱりとした。11年に加入した藤本淳吾にも「その髪とヒゲを何とかしてくれないかねえ」と厳しく言い聞かせた。以前から、あの髪とヒゲが気になっていたのだ。

藤本には清水エスパルスで一緒に戦っていたころから「穴のあいたジーンズなんて、学生じゃないんだから、やめてよ」と何度も言った。その私がエスパルスを去ってから、甘えが生じていたのだろうか、藤本はヒゲを伸ばすようになっていた。だから、会ってすぐ、ビシッと言ったのだ。彼も私の言いたいことは理解しているから、翌日にはすっきりした姿で現れた。

アイドルじゃあるまいし、見た目が良くなって、それがどうしたと思われるかもしれないが、これは非常に重要なポイントなのだ。選手たちが身ぎれいになっているということは、規律が保たれているということだからだ。

世界を見渡してみても、一流選手は身だしなみがしっかりとしている。

大スターのクリスティアーノ・ロナウド（レアル・マドリード）にしてもメッシ（FCバルセロナ）にしても、実に美しい。見た目がすっきりとしていて、すがすがしい。見ていて、気持ちがいい。彼らを目にして、不快感をもよおす人はいないだろう。

日本の野球選手も身ぎれいになっている。中日ドラゴンズの選手もそうで、山本昌《やまもとまさ》投手とは寿司店で一緒になることがあるが、本当にすっきりしている。

私は日本サッカーが発展していくには、女性の支持が必要だと考えている。サッカー選手がいつまでもだらしない格好をしていたら、女性が母親になったとき、自分の子をサッカー選手にしようとは思わない。「サッカーなんて、やめときなさい」と言われてしまう。「また、久米さんは大げさなことを言う」と思う人がいるかもしれないが、こういうことを選手にしっかり意識させないと、日本のサッカー界は正しい方向に進まないし、支持してもらえない。

オシムさんが中村直志に忠告したこと

08年の埼玉スタジアムでの浦和レッズ戦のとき、イビチャ・オシム元日本代表監督が同郷のストイコビッチ監督の激励におとずれたことがあった。

脳梗塞《こうそく》で倒れて、代表監督を辞し、その病が癒《い》えたころのことだった。

そのとき、オシムさんが「中村直志を呼んでくれ」と言った。

何の用があるのかと思ったら、オシムさんはひと言だけ中村に告げた。

「おまえ、髪の毛、切れ」

オシムさんは中村のプレーが好きで、代表にも招集していた。だからその任を離れた後も、彼に期待していたのだろう。しかし、あのもじゃもじゃの長髪が気になっていたらしい。

「おまえはミュージシャンか？」と皮肉り、「髪を切ったら、プレーがもっと良くなるぞ」と付け加えた。

「何だ、オシムさんも私と同じことを言ってるじゃないか」とわかって、うれしくなった。私が日々、訴えていることは間違っていないと確信した。それにしても、わざわざ中村を呼び出して、言葉を掛けてくれたのだから、ありがたい。その後、中村は髪をばっさりと切り、さっぱりとした容姿になった。

アントラーズが強い理由

私が細かいことにうるさいものだから、選手たちは私のことを「校長先生」と呼ぶ。考えてみれば、そういう存在かもしれない。GMというのは、そうでなければいけないと思うので、このニックネームは気に入っている。

鹿島アントラーズが強いのはジーコの時代から規律がしっかりとしているからだ。そして、現在も規律を高く保てているのは、私の大学の後輩の鈴木満強化部長が締めるべきところを締めているからに違いない。

現役時代の〝マン〟ちゃんはとてもうまい選手だった。中央大学の同期にテクニシャンで鳴らし、大学時代から日本代表に招集された金田《かねだ》喜稔《のぶとし》（現解説者）がいて、2人でよく1対1の練習をしていた。金田の愛称は「キンタ」、マンちゃんを「キンタ2世」と呼ぶ人もいた。時代を代表するテクニシャンだった。

マンちゃんは日本リーグ2部だった住友金属（現アントラーズ）に進み、私はその2年前に日立製作所に入っていた。2人ともサッカーでメシを食うことになったわけだが、引退後、まさか私とマンちゃんが同じ立場でサッカーに携わり、ライバルとして戦うようになるとは、大学時代は想像できなかった。

そのマンちゃんも、アントラーズの選手がおかしなことをすると、うるさく小言を言っているようだ。常に選手を観察し、言動から、選手が何を考えているかを察知する。チームメイトや監督との関係がこじれているようだったら、早めに火種を消す。選手から離れすぎず、近づきすぎず、絶妙の距離を置き、管理する。

私生活で道をそれることをしているようだったら、ビシッと言う。ときには雷を落とす。そういうことができているから、アントラーズは規律が保てているのだ。

規律を守れない選手には去ってもらう

選手を補強するだけがGMの仕事ではない。

獲得した選手の力をいかに発揮させるか。そこが重要なのだ。

力を発揮させるには、私生活もしっかりさせなくてはならない。私生活が乱れているようでは、いいプレーはできない。おかしな選手がいたのでは、組織として強くなれない。

だから、私もマンちゃんも、選手に小言を言い続けるのだ。

GMには教育者としての一面がある。ピッチのなかに関しては監督が規律を整え、GMは選手がピッチ外でも規律を保てるように、常に教育していかなければならない。

モンテディオ山形のような小さな予算規模で大物選手がいないクラブが、09年から2年続けてJ1の座を守れたのも、規律がしっかりした組織だからだろう。小林伸二《こばやししんじ》前監督が攻守にわたって規律のあるプレーを選手に徹底して教え込んでいただけでなく、中井川茂敏《なかいがわしげとし》GMがピッチ外の規律を厳しく植え付けているという。

時間を守ろう、あいさつをしようというのにとどまらず、移動の列車の中にゴミを残さないようにという話もしているというから、私と同じ思想の持ち主だと思う。残念ながら12年はJ2に落ちてしまったが、ピッチ外での規律を重視しているから、あれだけファイトするチームができあがったのだ。

「オレに騙されたと思って、髪を短くしてごらん。髪は黒いほうがいいよ」と言っても、すべての選手がすぐに言うことを聞くわけではない。

ある若い選手は髪が長くて、試合中にしょっちゅう髪をかき上げている。「そんなことしている間に点を入れられちゃうよ」と怒っても、なかなか、その意味を理解してくれない。「短く切ってこい。そうしたら試合出られるぞ」と言っても、わからない。

09年に髪の毛をとんでもない色に染めてきた選手がいた。何があったのかは知らないが、それが自分の個性だと勘違いしてしまったのかもしれないし、ストレスがたまっていたのかもしれない。私の就任以来、「髪は黒く」をチームの約束事としてきたので、その選手がおかしな髪の毛で現れたとき、事務の女性が飛んできて、「あれはいいんですか。まずいですよね」と言った。私はあきれて怒る気もしなかった。

「構いませんよ。一度、約束したのに、ルールを守らない者はいなくなるだけです」

そういうわけで、彼にはいなくなってもらった。

詳細にわたる栄養摂取マニュアル

〝校長先生〟である私としては、選手がしっかり食事をとっているかどうかも気になる。栄養補給はスポーツ選手にとって非常に重要だ。

3カ月に一度は体脂肪率（目標値は11％以下）とBMI数値（体重と身長から割り出す）の測定と血液検査を行い、その数値に基づいて、栄養摂取の方法を個々に決める。栄養士と選手がミーティングを行い、何を食べればいいかという指導を受ける。カロリーの計算方法や、必要とする栄養素についての正しい知識を授け、既婚者には奥さんにも情報を提供している。

「チーム統括部運営マニュアル」の「栄養指導」の章には、「栄養摂取はトレーニングの一環である」という考え方を明記している。そのくらい重要なものなのだと、選手にも意識付けをしている。寮では、ちゃんと食事をとったかどうかを毎日チェックし、食べていないとすぐにわかる仕組みにしている。

ある若手選手が寮の朝食をとっていないのが判明した。なぜ食べてないのかを調べると、歯が悪いことがわかった。歯槽《しそう》のう漏で食べられないのだという。もちろん、すぐに治療させた。スポーツ選手にとって、歯は大切なのだ。ゴルファーなどはかみ合わせも矯正している。グランパスで言えば、楢崎正剛も玉田も闘莉王も日本代表になるような選手はみな歯がきれい。もちろんストイコビッチ監督は虫歯が1本もない。

遠征先のホテルに求める食事についても、詳細にわたりマニュアルに記している。他には栄養をとるタイミングと移動中の摂取のために用意するものを明記。会場入りしてからの糖分摂取のために「グリコーゲンリキッドやバナナ、シフォンケーキなどをそろえる」に始まり、試合後のバスのなかではこれとこれ、新幹線の中ではこれとこれ、というように細かく示している。

おかしなことをしていれば、すぐ耳に入る

休日ともなれば、若い選手は夜な夜な、街へ飛び出していく。それはいいが、女性とお金と

交通事故には気をつけなくてはいけない。交友関係にも気をつけないと、ややこしいことになる。相手がJリーガーとわかれば、いろいろな人が寄ってくるものだ。

選手が変なことをしていると、すぐに私の耳に入ってくる。そういう情報網が自然にできている。悪い噂が耳に入ったら、すぐに選手を呼び出して「私に隠していることはありませんか。胸に手を当てて、よく考えてください」と詰問する。

変な付き合いをしていると、危ない目に遭う。美人局《つつもたせ》もある。だから、早いうちに、おかしな付き合いは断たなくてはならない。「危害はあなたたちだけではなく、クラブ全体に及んでしまうことを覚えておいてほしいんです。1人がおかしなことをすれば、クラブのイメージが悪くなるのですよ」と言い聞かせている。

情報は私のところにどんどん入ってくる。

「忍者をとばしているから、おかしなことをしていると、すぐばれますよ」と選手たちに言っているのは、冗談ではない。タクシーの運転手への態度が横柄《おうへい》だったりしたら、すぐに連絡がある。ということは、同じ話が私だけではなく、世間にもすぐに広がるということだ。「グランパスの選手は態度が悪い」と。

だから、そういう点はきつく言い聞かせておかなくてはならない。

「チームがちょっと強くなったからといって、おかしな態度をとってはいけません」

「街でタクシーに乗ったら、グランパスの選手であることは明かさないほうがいい」

「いくら酔っぱらっていても、タクシーのなかでチームの内部の話をしてはいけません」

「名古屋の錦《にしき》のここは危ないよ、こういう店は行っちゃいけないよ」という話もしておく。

「えっ、久米さん、あの店、知っているんですか」と言ってくるから、「全部、知っているよ」と答える。

プロ選手というのは、常に世間に注視されているということを意識していなくてはならない。

アマチュアとプロの違い

子どものころから「プロサッカー選手になりたい」という夢を描いてきた青年が毎年、プロの世界に入ってくる。それは決してゴールではなく、スタート。この入口でクラブがしっかりとした教育をしておかないと、若者は道を踏み外す。

グランパスは「新人選手育成について」という冊子をつくり、クラブが選手に望むことに始まり、社会人として生活していくためのノウハウを新人選手に伝えている。

その冒頭に「アマチュアとプロフェッショナルの違い」をうたっている。「われわれは卓越したプレーヤーとともに、卓越したプロフェッショナルを求めている」とし、「技術の優れたアマチュアと、プロフェッショナルの間には大きな違いがある」と教えている。

プロとアマチュアの違いは何なのかと問われても、簡単には答えられないかもしれない。「プレーで報酬をもらっているのがプロ」というだけでは、説明は不十分だ。アマチュアと名乗っていても、所属する企業からプレーに対する報酬をもらっている場合があるからだ。

グランパスでは、こういうふうにアマとプロを定義付けている。文章は、プロとなった新人選手への呼びかけの形になっている。

「アマチュア時代には、サッカーが生み出す喜びや苦しみは、すべて選手自身のものでした。プロになったいま、それがすべて観客のものとなります」

勝って喜ぶのは自分たち選手だけでなく、観客も一緒。負けて苦しむのも選手だけでなく、観客も一緒。そこを意識して戦ってほしいのだ。

最後に「アマスポーツの場を道場と呼ぶなら、プロスポーツの場は劇場です。サッカーという団体競技を演じる役者にひとり芝居は許されません。公私にわたって、厳しいチームプレーが要求されます」と教えている。

プロの世界に入ったのだから、選手にはプロとは何かという問題を整理しておいてほしい。それは新人選手に限らない。そこのところをあいまいなまま生活し、プレーしていたのでは、いつまでたっても本物のプロフェッショナルになれない。

選手に求める4つのこと

もしかすると、プロサッカー選手を名乗りながら、実は観客が何を求めているかを真剣に考えず、自己満足のためにプレーしている者もいるのではないだろうか。この点についても、きちんと整理し、新人選手にたたき込んでいる。

グランパスではサッカーの魅力を「速い試合展開」「感動的なゴールシーン」「懸命にボールを追いかける姿」「鮮やかなテクニック」「11人のチームプレー」とまとめている。その点を踏まえたうえで、選手に次の4つの要素を求めている。

「闘争心（真摯な姿勢）」「積極性」「フェアプレー」「精神力（90分間の集中）」

フェアプレーというと、「汚いプレーをしない」「審判に抗議をしない」「スポーツマンらしく振る舞う」という説明で終わってしまうことが多いが、グランパスではもっと深く考察し、その意味をはっきりさせている。選手にはこう伝えている。

「フェアプレーとは、ただのきれい事ではない」

「自分とチームの商品価値を高める非常に重要なものである」

「クラブにとってのビジネス上の大切な商品である」

フェアに戦うことによって、観客は爽快感を覚える。フェアに戦えば、人々の共感を呼び、クラブが支持され、観客を増やすことができる。

だから、フェアプレーとは大事な商品なのだ。

観客はフェアプレーにお金を払うと解釈しても間違いではないだろう。フェアプレーが価値を生み出す。フェアプレーとはクラブにとっても、選手にとっても、大事な財産なのだ。そう考えると、選手はフェアプレーを大切にする。

接触プレーがあって、主審が判定を下すたびに、文句を言っている選手がたまにいるが、これほど見苦しいことはない。

選手が審判に詰め寄ることによって、プレーが寸断される。お客さんはサッカーを見に来るのであって、抗議のシーンを見に来るわけではない。「さっさと次のプレーに移れ」と言いたくなるのは私だけではないだろう。

審判に詰め寄り、おかしな態度で異議を唱えると、イエローカードを出されることもある。これほどバカバカしいことはない。それによって、大事な試合で出場停止になったりしたら、目も当てられない。チームにとっては迷惑な話だ。

11年の日本フットボールリーグ（JFL）を制したSAGAWA　SHIGA　FC（佐川滋賀）は5年連続で異議による警告がゼロで、特別表彰を受けた。チームの規律の高さを示す、素晴らしい記録だ。アマチュアの佐川滋賀に、われわれプロも見習わなくてはいけない。紅白戦で、審判を務めるコーチがおかしな判定をしても、だれも文句を言わず、速やかに次のプレーに入るという。異議を唱える選手がいると、チームで浮いてしまうらしい。やはり、フェアプレーの精神というのは日々のトレーニングで育まれるものだろう。

できれば、プロ入り前にたたき込んでおきたい。現在、グランパスの育成組織には将来を嘱《しょく》望《ぼう》されている選手がいる。

彼がいい選手なのは確かなのだが、ちょっと気になることがある。審判の判定に異議を唱えることが多いのだ。このような悪いクセは、選手が若いうちにコーチが正してあげる必要がある。「審判は石だと思って、文句を言うな」と言えばいいのだ。

もちろん、それとともにフェアプレーの意味を説かなくてはいけない。「フェアプレーとは」ということを理解すれば、彼はもっといい選手になる。

マスコミの意味についても、新人選手にはしっかり教え込んでいる。

マスコミの背後には、ファンとなりうる読者、視聴者がいる。そんなマスコミの向こう側にいる人たちをグランパスのファンにすることが、ファン層の拡大につながる。試合後にロッカールームからすぐにバスに乗り込み、取材を受けないのは重要な宣伝機会を放棄することでもある。また、記者に口走った感情的な発言が、自分だけでなく、チームやJリーグ全体のイメージを傷つけることにつながるとも諭している。

有名無名を問わず、自分は公の人間であるという意識がプロ選手には求められる。

ピッチ上のプレーが観客の目にさらされているのと同様に、ピッチを離れたところの行動もまた、大きな影響力を持っている。その自覚こそが、プロ意識だと私は考えている。

心の涙で泣ける人間に

スポーツ界では最近、人前で涙を見せる選手が多くなっている。何となく、涙が軽くなってしまっているような気もする。勝って涙を流すのがいけない、というわけではないが、私は選手に、心のなかではらはらと落涙する人間になってもらいたい。

喜びの涙も、悲しみの涙も、悔し涙も心のなかで流す。「心の底から泣く」と言えばいいのかもしれない。何事にも本気になって取り組んでいなければ、心の涙は流せないのではないだろうか。本気になれば、なるほど、心で泣ける。

私は、まだまだ本気になっていない選手がいると感じている。「あなたは本気になっていますか？」と私が尋ねたとすると、すべての選手が「本気です」と自信を持って答えられる組織にしたいし、本気にならなければ、本物のパワーは出てこない。

「プロって何？」と問われれば、「本気になれる人間」と答えてもいいかもしれない。

すべての選手に本気になってもらいたい。

そして、心の涙を流せる人間になってもらいたい。

第8章　ストイコビッチ監督との蜜月

監督は私のことを調べていた

06年から名古屋グランパスを率いたオランダ人のセフ・フェルフォーセン監督は7位、11位と成績が振るわなかった。しかし、育成能力に長けたこの指導者によって、グランパスの土台が築かれていた。

そのフェルフォーセン監督が自ら退任を望んだ07年のシーズン終了後。グランパスは後任監督に、かつて選手として人気を博したドラガン・ストイコビッチを選んだ。日本サッカーを熟知しており、大の親日家であり、カリスマ性があって、名古屋での人気が高い。指導者としての経験はなかったが、最高の選択だったと思う。私はこの人事に絡んでいないが、私でも同じ選択をしただろう。

ストイコビッチ監督について、就任当初は監督経験がないことを不安視する声もあったが、私はまったく心配していなかった。彼は選手として、人間として様々な修羅場を乗り越えて来た。

何と言っても、旧ユーゴスラビア代表やマルセイユ（フランス）でイビチャ・オシムやアーセン・ベンゲルという名将のもとでプレーしているのだ。そこで学んだものは、計り知れない。監督の経験はなくても、チームを勝たせる手法は身につけている。恩師から、いいものを取り込み、いらないものを捨て、自分なりの監督哲学を築いているはずだ。

監督就任の要請を受けたストイコビッチは交渉の席で、「クラブにはしっかりしたGMが必要」と訴えたそうだ。そして、GMに私が就任することが決まると、新監督は私がどういう人間であるかを調べたらしい。

それにしても、ストイコビッチという人は本当にサッカーがうまい。いまでも、その技術は衰えていない。単純なキックフェイントに、みんな引っ掛かってしまう。足を振りかぶって蹴るふりをして、きゅっと切り返して、前に出て行ってしまう。

側筋が強いのかもしれない。スピードがあるわけではないのに、切り返すタイミングが見事だから、相手はあのキックフェイントに騙され、のけぞってしまう。のけぞらせた時点で勝負ありだ。あとは楽々、ボールを運ぶ。遊びでたまに相手をするが、何度やっても引っ掛かってしまう。

現役時代のストイコビッチを日本の選手はみな、汚い手を使って止めていた。主審の見えにくいところで、身体に手を回し、動きを止める。こっそり袖やパンツを引っ張る。そうしないと止められなかったのだ。ときに、その汚い方法を主審が見逃してしまう。彼はそれにカッカして、主審に暴言を吐き、ひどいときは相手選手に頭突きを食らわせ、レッドカードをもらった。

そんなストイコビッチに、中央大学サッカー部で私がお世話になり、日本人として初めてワールドカップで審判（副審）を務めた丸山義行《まるやまよしゆき》さん（Ｊリーグ初代規律委員長）は同情的にこう言った。

「日本の選手がひどいことをしているうえに、主審がたまに反則を見逃している。彼をフェアに止められないのであるならば、日本はワールドカップに出ることはできない」

もちろん、この発言は98年に日本がワールドカップに初出場する前のものである。ストイコビッチやジーコやラモン・ディアスといった世界のスーパースターと対峙したことで、日本のＤＦのレベルが上がっていったのだろう。

監督の仕事にいっさい干渉しない

清水エスパルスの長谷川健太監督は「きょうの選手起用はどうでしたか？」と、私に質問することがあった。しかし、私は「すべて、おまえに任せているよ。おまえが決めて、好きなようにやればいいいんだ。オレは選手を束ねることに集中するから、現場のことは頼む」と答えていた。

柏レイソル時代に一緒に戦った西野朗監督は日立サッカー部の同期だったこと、そして私の未熟さも手伝って、あれこれ注文を付けてしまったことがあるが、エスパルスに移ってからは、監督には一切、口出しをしないと心に誓っていた。

　ストイコビッチ監督にも一切、干渉しない。監督には好きにやってもらおうと決めてもいた。監督とはサッカーの戦術の話はしない。そのほうが監督は思いきったことができる。GMが余計なことを言って、迷いを生じさせてはいけない。もちろん、ストイコビッチ監督は私の口出しで揺れるような軽い人物ではないが……。

　他のフロントスタッフが現場に口を出そうとしたら、それを抑えるのもGMの仕事だ。

　クラブの幹部が「あの選手を使ったほうがいいんじゃないか」とか「もっと守備的に戦ったほうがいいんじゃないか」とか「練習が短すぎるんじゃないか」とか言い出すこともある。その場合は「そうですかねえ」ととぼけておいて、監督の耳にはいっさい、入らないようにする。私のところで、そういう声を遮断するのだ。

　逆に監督が、フロントに対する不満を口にした場合も、それが幹部に届かないようにする。GMは双方の話を聞くことが重要であり、バランサーの役目も担っている。

焦らず、じっくりチームをつくる

　就任したばかりのストイコビッチ監督に、私はこう話をした。

「代表監督の場合、その選手はダメだから、こっちにしよう、これもダメだから、あっちにしよう、ということができます。でも、クラブの監督はそういうチョイスが簡単にできません。選手を入れ替えるにはお金と時間がかかります。だから、自分が望む選手をそろえ、自分のチームをつくるには3年くらいは必要だと考えています。3年で頂点、というつもりで、じっくりいきましょう」

1年目から優勝をノルマにするつもりはなかった。そもそも、そんなことは不可能だと思っていたからだ。監督には時間を与えたほうがいい。焦らせてはいけない。

外国人監督には、結果が出ないと、すぐに解任されるのではという強迫観念にとらわれている人が少なくない。だから、目先の勝利ばかりを追う傾向がある。ブラジルではフロントもサポーターも忍耐力が足りないから、「3連敗したら、監督交代」とまで言われている。だから、ブラジル人監督は特にその傾向が強い。

しかし、目先の勝利ばかり追っていたのでは、選手は育たない、チームも熟成しない。私としては、ある程度、長期的な視野に立って戦ってもらい、毎年優勝争いに絡めるチームをじっくり時間をかけてつくってほしかった。

ストイコビッチ監督は「それは僕も理解している」と答えて、こう続けた。

「まずは、いまいるメンバーで08年を戦いましょう。成功するかもしれないし、成功しないかもしれない。成功に導けるように頑張るので、現場は僕に任せてほしい」

そう言われなくても、ピッチ上のことはストイコビッチ監督にすべて任せるつもりだった。「では、僕は選手の私生活の部分を厳しく管理します」と告げると、「それは久米さんに任せます」と了解してくれた。この時点で、仕事のすみ分けをはっきりさせた。そうやってお互いの役割を確認することは重要だ。そうすれば仕事がやりやすいし、それぞれの力を発揮しやすくなる。

補強は監督の意見を優先する

グランパスは、選手の獲得についてのプロセスを明確に定めている。

新人選手の場合、クラブの強化担当の方針を基本とし、監督、コーチの意見も参考とする。しかし、将来性を重視しての獲得ではなく、即戦力として期待できる選手を補強する場合は、監督、コーチの意見を優先する。

特に国内移籍での補強の際は、監督の意見を優先する。ただし、新監督を迎えたときは強化担当が主導する。また、外国人の補強に関しては、強化担当主導で人選するが、監督が持っているルートも活用する。

だれが主導権を握り、決断をだれが下すのかという点を明確にすることが大切だ。そうしておかないと、うまくいかなかったときに責任のなすり合いになる。だから、監督の権限が及ぶのはここまでであり、その先は強化担当が主導するということをマニュアルに明記している。

選手の獲得を巡り、監督とクラブの経営陣の意見が食い違ってしまうチームがたまにある。ビッグクラブほど、そういうことが起こりうる。監督が勝つために必要な選手を欲しがっているのに、経営陣は集客を優先してスター選手の獲得を望むことがある。監督にすれば、甚だ迷惑な話だ。

大物選手というだけで、技量が衰えていたりすると、なおさら困る。監督はその選手の起用を渋る。しかし、経営陣は「使え」と促す。名前だけで選手を使い始めると、チーム内に正しい競争が行われなくなり、選手は不満を膨らませる。

そんなことが起こらないように、監督と経営陣の橋渡しをするのがGMの仕事だと私は思う。一部の取締役やオーナーの暴走は抑えなくてはならない。チームを率いているのは監督なのだから。だから、選手の獲得については基本的に監督の意向に従う。

日本への愛着がないと

現役時代に8年を過ごしたことで、ストイコビッチは名古屋という街に強い愛着を感じている。もしかすると、住んだ土地が東京のような巨大都市でなかったことが良かったのかもしれない。あまりに大きく、人の多い東京だったら、周囲の住民と密接にかかわることがなかっただろうし、ストレスの多い生活に嫌気がさしていたかもしれない。名古屋の人に良くしてもらったから、ストイコビッチは日本を深く愛している。

日本食が好きで、納豆でも川魚でもパクパク食べる。普通、外国人は川魚をあまり食べないものだが、ストイコビッチ監督はアユが大好きだ。奥さんも親日家で、京都や岐阜の白川郷などに夫婦でよく足を運んでいる。

選手にしても監督にしても、日本に愛着を感じる人は成功する。鹿島アントラーズのジーコにしても、浦和レッズのギド・ブッフバルトにしてもそうだった。日本代表を率いたハンス・オフトやオシム、サンフレッチェ広島などで指揮したスチュワート・バクスターも同じだろう。日本への愛着が深いから、日本人と日本サッカーをリスペクトして、骨身を削ってて献身した。

文化やお国柄を理解し、尊重する人間でないと、異国では成功しない。

「久米さん。これ、おいしいから食べてよ」

ストイコビッチ監督の自宅にお邪魔すると、いつもホスト役を務めてくれるのは監督自身だ。「これ、食べて」「これ、飲んでよ」と料理やお酒をどんどん勧めてくれる。奥さんの料理も最高だけれど、監督のサービスも満点なのだ。

監督は現役時代に旧ユーゴスラビア代表としてワールドカップでも活躍した世界的な大スタ

ーだ。その華麗なプレーで世界のファンを魅了し、「ピクシー（妖精）」と呼ばれて愛された。グランパスでは8年間、プレーし、日本のサッカーファンを魅了した。ただ、先に述べたようにすぐにカッと熱くなる一面もあり、その印象が強いと思う。

私もそうだった。

ストイコビッチという人間は、アクが強く、エキセントリックな人間であるに違いない、と想像していた。選手への注文は厳しく、自分の望む通りにプレーさせ、フロントにもガンガン要求してくるタイプの監督だろうと想像していた。

しかし、実際に会って話をしてみると、まったくそうではなかった。

「これが、あのストイコビッチ？」

私は拍子抜けした。実に如才ない人物で、非常に細かい気配りができる人だった。

「トヨタ自動車の豊田章男社長に開幕戦の勝利を捧げたい」

10年3月7日の開幕戦を前に、監督はそう宣言した。当時トヨタ自動車がアメリカでのリコール問題で揺れていたときだった。このあたりの気配りも、彼ならではだ。

そして、アウェーで行われたガンバ大阪戦でしっかり勝利した。こういうことができるから、トヨタ本社での受けも良く、幹部にかわいがられている。豊田章一郎《しょういちろう》名誉会長や章男社長から、監督のもとへ直接、激励の電話が入ることもあるらしい。とてもいい関係だ。いつもスポンサーへの気づかいを忘れない。日本人監督も、こういうことができなくてはならない。

後ろに目があるのではないか

ストイコビッチ監督が就任した08年の鹿児島での春季キャンプ中、休育館でフィジカルトレーニングをしていたときのこと。選手たちがマットを敷いてストレッチや体幹トレーニングをしている様子を、監督は立って見ていた。

その日は鹿児島といえども、とても寒い日で、監督の後ろで練習を見ていたわれわれスタッフも「オレたちも身体を動かして温まりたいな」と思うくらいだった。

監督はそんなわれわれの気持ちを察知したのだと思う。だれも要求していないのに、マットを持ってきて、「これを使ってください」と言ったのだ。

われわれは監督の背後にいるというのに!! 後ろに目があるんじゃないかと思った。雰囲気でなんとなくわかるものなのだろうか。それにしても、見えないはずのわれわれの心を読んでしまうのだから驚く。

現役時代に、相手選手だけでなく、ときには味方も翻弄《ほんろう》したあのプレーも、この〝目〟があるからできたのだろう。自分の周りで何が起きていて、だれが何を感じているかを察することができる人なのだ。そういうものを感じない人は、いつまでたっても感じられない。鈍い人間は、どう頑張っても察することができない。

ストイコビッチという人間には不思議なアンテナが備わっていて、あらゆることに神経を行き渡らせることができる。その出来事で私は確信した。

「彼はおもしろい監督になる」

サッカーの監督に限らず、組織を運営する人には、そういう能力が必要なのではないだろうか。上に立つ人間が鋭敏な組織は、何ごともスムーズに運ぶはずだ。

ビジョンに沿った監督選考をする

GMにとって最も難しい仕事は、監督の評価・選任かもしれない。どういうことが起きたら、どういう判断を下し、どうやってスムーズに監督を交代させるのか。レイソルやエスパルス時代には、このデリケートな仕事をうまくこなせたとは言えなかった。

グランパスでは「チーム統括部運営マニュアル」のなかに「監督の選考方法・評価査定・役割分担」という項目をつくり、そのマニュアルに沿って仕事を進めることになっている。

監督の選考については、「クラブが掲げるチームビジョンを理解し、次世代に向け継続して仕事のできる人物」「クラブへの忠誠心が高く、クラブの発展のために、最大限の能力を発揮する人物」と定め、将来はグランパスのOBに任せることを理想に掲げている。

GM的な役割も含めて全権を握っている監督も世界にはいるが、グランパスでは監督にすべて一任するようなことはない。ビジョンを決めるのはクラブであって、それを理解した監督に現場の仕事をしてもらう。

監督の選定基準についても明確に定めている。そのなかには「自然体で、自分の専門分野や仕事への愛着があり、永続的に研究している」や「選手やすべてのクラブ構成員への尊敬の念がある」「教養」「フレンドリーシップ」「異文化を受け止める柔軟性」などがあり、リストアップした監督候補者をそれらの観点から採点し、評価表をつくっている。

監督の交代についても、明確な指針を定めておかなくてはならない。ここがきちんとしていないと混迷することになるので、マニュアルに明記してある。

まずは、リーグ戦の日程の半分を終えた時点で、18チーム中、10位以下の場合は、続投させるかどうかを検討する。しかし、9位以内にいたとしても自動的に続投とするわけではない。予想以下の順位だったり、クラブが求めているサッカースタイルを守れていないと統括部が判断した場合は、役員に監督交代を提案し、決裁手続きを取る。

監督の招聘に関しては、海外とのパイプが大切になってくる。だから、いざとなったときに相談に乗ってもらう人物が必要だ。グランパスの監督経験者の動向は常に追い続け、人物ごとに相談役としての重要度を評価している。ベンゲルはSランク、現在はイラン代表を率いているカルロス・ケイロスやフェルフォーセンはAランクとしている。

一番大事なのはクラブがビジョンと目指すサッカーをはっきりさせ、それに沿って監督を選ぶことだろう。ビジョンと目指すサッカーが固まれば、自然に必要な監督が定まってくる。アントラーズがずっとブラジル人監督を起用しているのは、ブラジル式のオーソドックスなサッカーを常に目指しているからだろう。監督交代のたびに、指向性の違う監督を呼んでいたのではチームの軸が定まらない。獲得した選手、補強した戦力を殺してしまう場合もある。

監督の起用には、最大限の努力をして、慎重にすすめるべきであると考えている。

ストイコビッチに日本代表監督を任せたい

日本全国にあるJクラブというのは、Jリーグの〝支店〟みたいなものだ。選手は移籍することで、その支店を渡り歩く。

私は監督というのは、〝支店長〟だと思っている。監督は日本サッカーのために各地の支店を渡り歩けばいいのだ。石崎信弘は大分支店に始まり、川崎（フロンターレ）、清水（エスパルス）、東京（ヴェルディ）、柏（レイソル）と巡り、いまは札幌（コンサドーレ）支店で支店長を務めている。かなり、経験豊富な転勤族と言える。

三浦俊也《みうらとしや》は大宮（アルディージャ）をスタートにして、札幌、神戸（ヴィッセル）、甲府

（ヴァンフォーレ）と支店を回った。城福浩《じょうふくひろし》はいきなり本店（U－17日本代表監督）で働いた後、東京支店（FC東京）の支店長を務め、しばらくおいて今度は甲府支店長になった。力量のある者は次から次へと支店に呼ばれる。一回こっきりで終わってしまう支店長はやはり何か力が足りないのではないか。いずれにしても、監督はそうやってJリーグの支店であるクラブを回って、日本サッカーのために働けばいいのだ。

現在、名古屋支店の支店長はストイコビッチであるが、いつまで彼がグランパスの監督をしてくれるかはわからない。もしかすると日本代表の監督にということもありうる。

これまでも、そういった類いの話はあった。日本サッカーを熟知しているうえ、日本人のメンタリティを理解し、日本文化をこよなく愛している。日本サッカー協会としてはいつでも安心して任せられるだろう。彼を引き抜かれたらグランパスとしては困るが、私としては、チャンスがあったらストイコビッチに日本代表の監督をやってもらいたい。彼のように心底、日本を愛してくれている外国人指導者はなかなかいないのだから。

第9章 日本サッカー界への提言

Jリーグは明らかに停滞期に入っている

11年11月、Jリーグは法人設立20周年を祝い、12年にJリーグは20回目のシーズンを迎えている。93年のスタート時に10だったJクラブの数は、いまやJ1が18、J2が22の合計40まで増え、29都道府県にJリーグのクラブがあるのだ。

全国津々浦々に芝のピッチが増え、各地に総合型スポーツクラブが生まれている。Jリーグが地域に根ざすクラブづくりを進めたことで、プロ野球の球団も地域密着の思想を大事にするようになったようだ。北海道の日本ハムファイターズは地元ファンを虜《とりこ》にし、常にAクラスに入るなど、成功例のひとつではないだろうか。日本にもスポーツ文化が芽生え始めているのを現場で感じている。

この20年の歩みを振り返ってみると、感慨深いものがある。

私はJリーグ発足時に事務局長として働いていた。当時は、Jリーグの将来像がまったく読めなかった。閑古鳥が鳴いていたアマチュアリーグから、プロに変えたところで、お客さんがどれだけ集まってくれるのか、予測がつかなかった。「走りながら、やりながら考える」と初代チェアマンの川淵三郎さんはよく言ったものだ。われわれは「プロサッカーとは何か」と自問し、みんなで手探りしながらまずスタートした。

すると、開幕直後にＪリーグの大ブームが起こり、われわれは目を丸くして驚いた。顔にペイントをしたファンがスタジアムに殺到する時代が日本に来るとは、思っていなかった。サッカー関係者がプロ化に踏み切ったのは、第一に日本サッカー界を世界で戦えるレベルに押し上げたかったからだ。プロ化前の日本サッカー界は低迷し、「冬の時代」とも「暗黒の時代」とも言われていた。その暗い時代から何が何でも抜け出したかった。

その思いが生んだＪリーグは、日本サッカー界を大きく変えた。

98年に日本代表はワールドカップへの初出場を果たした。02年には韓国との共催という形で、ワールドカップの自国開催を実現した。その大会でフィリップ・トルシエ監督率いる日本は決勝トーナメントに進出し、国民を熱狂させた。

いまでは日本はすっかりワールドカップの常連になっている。おそらく、ワールドカップ出場を逃したら、大きな騒ぎになるだろう。

私の現役時代と比較すると、隔世《かくせい》の感がある。これだけ多くの子どもたちが野球のキャッチボールではなく、ボールを蹴り合っている姿を目にするようになるとは、思っていなかった。これだけ多くのお年寄りが、ひいきチームのレプリカシャツを着てスタジアムへやって来るとは思っていなかった。日本のサッカーは大きく飛躍した。すそ野も広がった。Ｊリーグがもたらした、いいことはたくさんある。

しかし、20回目のJリーグが行われているいま、よく目をこらして日本サッカーを見つめ直すと、何が見えてくるだろう。私には、ひずみやゆがみが見えてきてしまう。

11年、J1の1試合平均入場者数は、前年から2631人（14パーセント）も減って、1万5797人にとどまった。原因は東日本大震災の影響だけではないだろう。何しろ、客離れは11年に始まったことではないのだ。3年連続の入場者数減少であり、01年以降では最少となっている。われわれは、この数字を深刻なものとして受け止めなくてはいけない。

1試合平均入場者数が最も多かったのは、リーグ発足2年目の94年の1万9598人。ブームのまっただなかでの数字である。02年のワールドカップ日韓大会を機に日本にも巨大なスタジアムが増えたにもかかわらず、Jリーグは94年の数字を超せないでいる。

残念なことに、名古屋グランパスも優勝した10年の1万9979人から、11年は1万6741人まで（16・2パーセント減）1試合平均入場者数が落ちた。

福島の原子力発電所の事故の影響で電力不足に陥り、トヨタ自動車の関連企業などの工場が電力に余裕のある週末に操業を切り替えた時期があったことは、もちろんグランパスの集客に響いた。しかし、理由はそれだけではないはずだ。

事態は深刻だと思う。これを各クラブがどれだけ真剣にとらえて、入場者確保のために知恵をしぼっていくか。サッカーを魅力的なものにすることは当然ながら、よりよい改善策を模索していかねばならない。

Ｊリーグは明らかに停滞期に入っている。

地上波でのテレビ放送が減り、入場者数が減り、経営に苦しむクラブが増えている。10年度決算で、最終赤字となったクラブがグランパスも含めて18（Ｊ1で10、Ｊ2で8）を数え、債務超過のクラブが10（Ｊ1で4、Ｊ2で6）もある。

クラブ間の規模の格差も広がっている。Ｊ2には「今日生きるだけでせいいっぱい」というクラブが少なくない。10年には大分トリニータ、東京ヴェルディ、水戸ホーリーホックの経営危機が相次いで起き、Ｊリーグは大きく揺れた。

これに対して、Ｊリーグ事務局が無策なわけではない。

13年にはクラブライセンス制度を導入する。各クラブのＪリーグへの参加資格を財務、施設、法務など5つの基準（計56項目）から毎年、審査し、必須項目をすべてクリアできないクラブには参戦を認めない。3年の猶予期間の後は、3期連続で赤字決算のクラブ、債務超過のクラブはＪリーグから除外される。

この制度の導入により、各クラブは財務の見直し、スタジアムなど施設の充実に意欲的に取り組むだろう。これまで放置されていた問題の解決を急ぐだろう。その結果、Ｊリーグ全体が徐々にグレードアップするはずだ。

　また12年からは、J2と日本フットボールリーグ（JFL）との入れ替えも始まる。これまでのJ2はいくら負けても、降格がなかった。だから、自然と甘えが生じていたのではないだろうか。いつまでたってもJ2の下位にとどまり、成長意欲の感じられないクラブもある。しかし、JFL降格の可能性が生まれたことで、どのクラブものんびりとしていられなくなる。考えてみると、「上がってしまえば、もう安心」という、これまでのJ2はおかしなリーグだった。これで、ようやく正しい競争が始まる。

　クラブライセンス制度と、J2とJFLの入れ替え制度の導入が、Jリーグを正常化するきっかけになるのは間違いない。しかし、私はこれではまだ不十分だと思う。まだまだ、見直さなくてはならない問題がたくさん転がっている。

　プロ化から20年の年月を経たいま、われわれサッカー人はもう一度、足元をしっかり見つめ直すときではないだろうか。もう一度、思い切った改革に着手すべきときではないだろうか。そこで、私なりに、改革すべきポイントをまとめてみた。今後の20年をにらんだ「日本サッカー界への提言」である。

提言1——シーズンを「秋春制」に移行しよう

Jリーグのシーズンは春に始まって秋に終わる「春秋制」をとっている。この制度がいま、日本サッカー界が抱える様々な問題の元凶になっている。

通常、Jリーグの開幕は3月初旬。暑さの厳しい夏も開催され、12月初旬まで続いていく。その後もトーナメント方式の天皇杯がまだ続き、翌年1月1日の決勝戦で日本のサッカーシーズンは幕を閉じる。

ほとんどの選手はここからしばらく、身体を休めることができるが、近年、日本代表に選ばれている選手はそうはいかなくなっている。

たとえば、11年は1月初旬からアジアカップ・カタール大会が始まった。そのため、代表選手は12月下旬から強化合宿に入り、カタールに飛んで1月下旬まで厳しい大会を戦った。休養はごくわずかな時間に短縮され、次のシーズンに向けた所属チームのキャンプに参加することを余儀なくされた。

2015年にオーストラリアで開催されるアジアカップも1月初旬の開幕が決まっている。アジアカップがない年でも、2月に国際Aマッチデーが設けられており、ワールドカップ予選や五輪予選が入る。つまり、いまのままでは代表選手はほぼ1年中、サッカーをしていることになる。これでは心身ともに疲弊《ひへい》しきってしまう。

この問題を解決するには、欧州の各国リーグと同じように、シーズンを秋に始まって春に終わる「秋春制」に変えるのが手っ取り早い。こうすれば、5月末から8月中旬まで、まとまった休みが取れる。ワールドカップの年でも、代表選手が少なくとも1カ月は休めるようになる。

日本サッカー協会は11年、「大会スケジュール改革プロジェクト」を発足し、代表選手の負担軽減、日本サッカーの発展を念頭に議論を重ね、協会の理事会に答申案を出した。

そのひとつは、Jリーグを8月中旬から翌年5月まで開催し、天皇杯の決勝も5月にずらすというものだ。雪国のクラブの事情を考慮し、1、2月はJリーグを中断するとしている。こうすれば、1、2月にアジアカップやワールドカップ予選が入っても対応は可能で、代表選手は5月の閉幕後に休める。

春秋制の弊害は他にもある。私が最も危惧しているのは、国際移籍に絡む問題だ。

日本のサッカーのシーズンは3月に始まって、翌年1月1日に終わる。しかし、世界のサッカーの中心であるスペイン、イングランド、ドイツ、イタリア、オランダなど欧州の主要リーグは8月か9月に始まって、翌年5月に終わる。このずれが大きな問題を引き起こしている。

欧州のクラブは主に5月のシーズン閉幕後の6〜7月に選手の獲得に動く。彼らは日本の選手にも目を光らせており、香川真司《かがわしんじ》（セレッソ大阪からドルトムント）、内田篤人《うちだあつと》（鹿島アントラーズからシャルケ04）、長友佑都《ながともゆうと》（FC東京からチェゼーナを経てインテル・ミラノ）らを夏に引き抜いた。このとき、Jリーグはシーズン中だ。つまり、セレッソやアントラーズや

FC東京はシーズン中に看板選手を失った。

こんなことが起こっていいのだろうか。これでは日本のサッカーファンにあまりに失礼ではないかと、私は思う。クラブは開幕までにシーズンチケットを売る。「今年はこういうチームですので、ぜひシーズンチケットをどうぞ」と営業する。だというのに、開幕して数カ月たったら、目玉商品が欠けてしまうのだ。これでは、チケットを買ってもらったお客さんへの裏切り行為ではないだろうか。

もちろん、監督にとっても、たまったものではない。せっかく春からチームをつくってきたのに、中心選手がシーズン中にいなくなってしまうのだ。プランは大きく狂う。穴を埋めようとしても、シーズン中だから、国内移籍での補強は難しい。

6月に選手が欧州へ渡る場合、春にはオファーが来ていることも多い。そうすると、本人だけでなくチーム全体が落ち着かなくなる。監督は中心選手がいなくなるかもしれないというのでは気が気でない。そわそわとした雰囲気になり、目の前の試合に集中しづらくなる。

こうした問題を解決するには、欧州とのシーズンのずれをなくすしかない。欧州に合わせて秋春制とすれば、問題はほぼクリアできる。

Jリーグも秋春制を採用していれば、6月に選手を海外のクラブに取られたとしても、それはシーズンオフのことなので、対策を講じやすい。

Jリーグのクラブは大抵シーズン終了後の冬に外国人選手を取りに行く。このとき、欧州はシーズン中だ。だから、ほとんどの選手が契約期間中で、獲得するには違約金がかかる。しかし、秋春制となれば、契約の切れた外国人選手を取りやすくなる。

グランパスは11年、ギリシャリーグでプレーしているU－22スペイン代表の選手を狙っていた。12月に契約が切れるなら獲得できたが、6月まで契約が残っていたので、違約金が必要なため断念した。

もし、Jリーグと欧州とのシーズンの開幕が同じになれば、獲得できる選手の幅が広がり、大金をかけなくても、いい補強ができるようになる。そうなればJリーグのグレードが上がり、魅力もアップする。シーズン制の問題はリーグ、クラブの国際競争力にもかかわっているのだ。

暑さが厳しく、パフォーマンスの質が落ちる夏に休めるのもメリットだろう。現在は冬に欧州に移籍する日本人選手がいるが、彼らにとってもシーズン途中での加入ではポジションを獲得するのは難しい。シーズンのずれがなくなれば、夏の移籍になり、シーズン前の合宿から参加できるようになる。欧州のシーズン中の12月に移籍するより、選手は力を出しやすくなる。

また、天皇杯決勝をJリーグ閉幕に合わせて5月にずらすことで、すべてのクラブがほぼ同時にシーズンを終えることになる。そうすれば休みの長さが早期敗退したチームと決勝まで進んだチームでは、最大で1カ月近くも違うという現在のような不公平はなくなる。

秋春制に移行することで、多くの問題が解決できるわけだ。
しかし、この答申案は雪国のクラブの反発を受けている。
1、2月は中断するとしても、再開前のトレーニングが雪と寒さのため、地元での実施が難しい。これは、いますでに問題になっていることだが、12月や3月に雪が降ることもある。試合はできるとしても、観客にはかなりの忍耐を強いることになる。
秋春制の導入には、スタジアムや練習場といったインフラ整備が欠かせない。スタジアムに屋根もない、風よけもない、ヒーターもない、という状態で冬場の開催を増やしたのではファンを無視した改革になってしまう。これは今後の課題であるが、そこをクリアできれば、一刻も早く、秋春制に移行すべきだ。

提言2――若手選手を鍛えるリーグをつくろう

Jリーグのクラブは日本代表クラスの選手を次々と欧州のクラブにさらわれている。海を渡る選手が出番をもらえれば、レベルの高い試合でもまれるだろう。海外移籍は日本代表の強化につながる。

しかし、Jクラブは当然、痛手を被る。こうなってくると、ますます若手選手の育成が大事になってくる。いくら選手を欧州に取られようが、次々と有望選手を生み出すことができれば問題はカバーできるのだ。

各クラブは育成組織の充実に力を注いでいる。しかし、それだけでは十分ではない。いま、問題になっているのは、Ｊリーグで出場機会をつかめないでいる若手選手の強化の場がないことだ。

Ｊリーグは09年限りで、サテライトリーグ（いわゆる2軍による公式戦）をクラブの経費を削減するため、廃止した。サテライトの試合のため、遠征に行くのは効率が悪く、経費もかかるということだ。

これによって、トップチームで試合に出ている20人ほどの選手以外は公式戦ができなくなった。地元の大学や高校のチームと練習試合を組むことはできるが、練習試合はしょせん練習試合だ。公式戦と同じ緊張感を求めるのは難しい。

都心のクラブは対戦相手を見つけるのがたやすいが、地方のクラブは練習試合をする力のある相手を見つけるのに苦労している。こんな状態だから、若手選手を磨こうと思っても、なかなか難しい。

現状では、Ｊ２のクラブなどへの期限付き移籍で若手に実戦の機会を与えるしかない。

しかし、私はそれに少々、疑問を感じている。両親に「ウチに預けてください。お願いします」と頭を下げて獲得した選手を、すぐにＪ２に出してしまっていいものだろうか。それで両親は納得してくれるだろうか。騙されたような感じがするのではないだろうか。「きちんと育てますから」と言っておきながら、ポイと外に出してしまったのでは、プレゼン倒れになってしまう。

そこでグランパスは、若手選手の育成のために新しい施策を打った。選手育成で定評のあるスペインの古豪、レアル・ソシエダードと提携し、若手選手を研修に出すことにしたのだ。私も視察に行ったが、クラブの練習場にはピッチが10面ほどあり、環境は充実している。選手たちは練習場に近い大学の寮に入るので、学生と触れ合い、語学を身につけることもできる。11年は田口《たぐち》泰士《たいし》と新井《あらい》辰也《たつや》を20日間、12年は吉田《よしだ》眞紀人《まきと》と田中《たなか》輝希《てるき》を1カ月間、修業に出した。

レアル・ソシエダードはバスク地方にあるクラブで、泥臭く、激しいサッカーで有名だ。身体をバチバチ当てるタフなサッカーをすることで、選手が精神的にも強くなるのではないかと期待している。いまの若い選手はうまいけれど、ハートが弱くて物足りない。だからこそ、バスクのサッカーで、もまれてきてほしいのだ。

大学のサッカー部が選手の育成機関の役割を果たしているという人もいる。確かに大学に行ってから伸びて、Jリーグ入りする選手は多い。

しかし、見誤ってはいけないことがある。

大学のサッカー部に進んだ選手は、高校から直接、Jリーグに入るだけの力がなかったのだ。現在、五輪代表に選ばれている山村和也《やまむらかずや》（鹿島アントラーズ）や比嘉祐介《ひがゆうすけ》（横浜F・マリノス）も、高校卒業時にはJリーグのスカウトの目を引きつけるものがなかったため、流通経済大学に進んだ選手だ。それでも彼らは大学で試合出場経験を積むことで成長した。

たとえば青森山田高校からアントラーズ入りした柴崎岳《しばさきがく》に代表されるように高校からJリーグに進んだ選手は抜群の力を持っている。Jリーグのスカウトの目はそういう才能は見逃さない。大切なのは、柴崎のようなポテンシャルの高い選手を育てる方策を考えることなのだ。

余談になるが、サテライトリーグがなくなり、若手が公式戦を戦う機会が減ってしまったため、五輪代表監督は選手の見極めに苦労しているのかもしれない。

では、高校から直接、Jリーグに入った逸材がチーム事情でトップチームの試合に出られないときは、どうするのか。そのまま公式戦から遠ざけていたのでは、選手は育たない。できれば、サテライトリーグに代わるものをつくりたい。

スペインやドイツでは、それぞれのクラブのBチームを下部リーグに所属させて、1年を通してリーグ戦を戦わせている。それが可能ならば、一番の解決策になるだろう。そうすれば、タイトルを争えるし、昇格・残留をかけた緊張感のある試合ができる。登録の変更をフレキシブルにできるようにして、力がついたらシーズン中であっても、Bチームからトップチームへ昇格できるようにすると、なおいい。

提言3――GMを養成しよう

ゼネラルマネジャー（GM）の仕事は選手を獲得し、チームを編成するだけではない。何でも屋でなければならない。

強化も財務も人事も営業も広報も、あらゆることがわかっていなければならない。選手をいかに獲得するかだけでなく、外国人選手のビザの取り方から、弁当の取り寄せ方、どこの街にはどんな飲み屋があるかまで知っていなければならない。

それ以前にビジネスの常識を身につけていなければ、GMは務まらない。

私は幸いにして、日立製作所という大企業で営業の仕事をし、書類の書き方から始まって、いかに顧客の心を引き付けて、ものを売るか、それ以前にいかに上司を説き伏せて判を押してもらうかを学んできた。

だから、クラブのフロントになったときも、「何をしたらいいのだろう」「どうすればいいのだろう」と悩むことはなかった。フロントとして働く基礎は、日立でたたき込まれていた。

これまで中心になってJクラブの運営に携わってきた人のほとんどは、かつて実業団選手として日本リーグでプレーした経験の持ち主だ。つまり企業人だった。サッカー選手でありながら、企業にビジネスマンとして鍛えてもらっている。企業から教育を受けたおかげで、私のようにプロクラブのフロントの仕事にスムーズに入れたのだ。

しかし、いまのJリーグにはもう、企業で働きながらプレーしている選手はいない。高校、大学から直接、プロ入りした選手ばかりだ。選手としては鍛えられているが、企業人として、ビジネスマンとしては鍛えられていない。

今後はそうした選手が引退し、Jリーグ、Jクラブの運営に当たらなければならない時代となる。ビジネスの常識を学ぶ機会のなかった人間が、リーグやクラブのスタッフとして働かなければならない。もちろん、どこのクラブも異業種からスタッフを集めているが、サッカー人抜きでプロクラブを切り回すのは難しい。

しかし、これまで元日本リーガーであるわれわれがしてきたことが、いまのJリーガーにできるだろうか。それはかなり疑わしい。ビジネスの基礎を知らない彼らは大きなハンディを負っている。

いきなり、入場券をどうやって買ってもらうか、グッズをどうやって開発するか、地域のみなさんとどうやってつながりをつくるのか、という問題に対処しろと言われても、困惑するだろう。

そうならないように、各クラブは早くフロントの人材育成に取り組まなければならない。プロのサッカー選手を、プロのフロントとして鍛え直す時間と場をつくらないと、Jリーグの将来が危うくなる。

私がまだレイソルにいたころ、川淵三郎チェアマンに提言したことがある。

「日本サッカー協会は公認コーチライセンス制度を整えて、指導者養成に力を注いでいますが、それだけでは十分ではないのではないでしょうか」

「クラブを運営する人材を養成していかないと、日本サッカー界は衰退してしまうのではないでしょうか」

私はGMという職をもっと重視し、そのノウハウを身につけた人材を養成する仕組みをつくる必要があると思っていた。日本サッカー界は指導者の養成とフロントの養成を両輪として、世界を追いかけていくべきだと考えているのだ。

川淵チェアマンはすぐに「もっともだ」と理解してくれた。

その結果、99年にJリーグの「GM養成講座」がスタートした。もちろん、私も受講し、〝修業証書〟をもらった。オランダやドイツのクラブで働くGMや経営陣のトップを招いて、GMの仕事について実例をまじえて教わった。

Jリーグのガ M講座は一時、中断していたが、08年に内容をリニューアルして再開した。それはうれしいことだが、もっと内容を充実させていく必要があるだろう。コーチライセンスと同じように、きちんとしたGMライセンスを発行するところまで、講座を発展させてほしい。

日々、新しい問題に直面し、頭を悩ませながら処理している、われわれが講師を務めてもいいだろう。現場の生々しい話から学ぶことは多いはずだ。われわれがどういう点で苦労しているかという話は、受講者の財産になるはずだ。

もっと受講者を増やし、100人以上がGMライセンスを持っているような状態にしておきたい。

現役を引退した選手の多くが指導者を目指すことが多いが、だれもが指導者に向いているとは言い難い。そして、「自分は指導者よりもフロントで力を発揮したい、GMになりたい」と考える選手がいても、いったい何を磨き、何を学び、何を身につければいいのか、さっぱりわからないというのが現状ではないだろうか？　そういう意味でもGMライセンス制度は有効となるはずだ。

指導者とフロント。

引退後の道が複線になり、選択肢が増えるのは喜ばしいことだろう。実際、「この選手は指導者よりも経営をやらせたらおもしろそうだ」という人材はいる。そういう見込みのある人間には、早いうちからフロントで生きる道があるということを意識させ、そのための教育を行ったほうがいい。早くから書類の書き方などビジネスの常識をたたき込んでおくのもいいだろう。

ドイツではユースの選手時代に、インターンとしてクラブ幹部の秘書のようなことを経験させて、クラブ運営の仕事に触れさせるケースがある。

GMを養成するうえで、フロントやGMはどうあるべきかという「論」を聞かせるだけでは不十分だと私は思っている。

現場での実践こそが、人を鍛える。見込みのある人間は、現場に放り込んで鍛えるのが望ましい。

私がここで言う現場とは、実はJクラブの職場ではない。たとえば、元JリーガーをトヨタのディーラーCに預けて、営業をさせるのが効果的なのではないかと考えている。

そこで、お客さんに頭を下げる。車を売るための自分なりのマニュアルをつくる。プレゼンテーションの仕方を身につける。上司を納得させる手法を学ぶ。人とどうやってコミュニケーションをとり、人の心をどうやってつかみ、人にどうやって自分の思いを伝えるかを実践のなかで考えさせる。当然、レターの書き方などビジネスの基本も身につくだろう。

トヨタで車を売る仕事も、銀行マンの仕事も根っこの部分ではプロサッカー・ビジネスとつながっている。していることは同じなのだ。だから、畑違いの現場に元Jリーガーを放り込むのは、見当違いではない。むしろ、そういうところで顧客の前に立ち、泥臭い仕事をするほうが、プロサッカーのフロントの仕事の土台を築けるのではないだろうか。

フロントには外部から人を招くという手もあるが、私は少なくともクラブ幹部やGMはサッカーを知っている者が就くべきだと思う。そうでないと、選手が顔を向けてくれないような気がするのだ。だから、サッカーをしていた人間にフロントの仕事をたたき込んで、クラブ運営のプロを養成したい。

提言4——フロントも「移籍」しよう

何度も繰り返しているように、私は、自分が築いてきたGMの仕事のノウハウを隠すつもりはない。いつでも喜んですべてを公開する。

「そのファイルを見せていただけませんか」と言われれば、好きなだけ見てもらう。私の部下が他のクラブに移るというなら、ファイルを持ち出してもらって結構だ。むしろ、必ず持って行ってもらいたい。私のノウハウが全国のクラブに伝わり、そのクラブが置かれた環境に合わせて、ノウハウをより良いものにし、使っていただけたら、これほどうれしいことはない。そうやってノウハウを共有し、互いに学び合うのが健全な競争ではないだろうか。

スペインのFCバルセロナはイングランドのマンチェスター・ユナイテッドの経営手法を吸収して、国際化を進め、収益力の高い超人気クラブへと成長した。他国のライバルの経営ノウハウを自分たちのものにしたのだ。日本でもグランパスやアントラーズやガンバ大阪などがピッチ上で競うだけではなく、経営面でも学び合い、競い合えば、日本サッカー界はさらに発展するはずだ。

Ｊリーグというのは、東京にある事務局が「本店」で、全国にある各クラブはその「支店」みたいなものだという話はすでに書いた。

ある選手が札幌支店で働くこともあれば、移籍して福岡支店で働くこともある。移籍というのは銀行マンの転勤みたいなものだ。選手というのは各クラブの人的資産ではなく、Ｊリーグ全体の人的資産と言っていい。Ｊリーグ全体の人的資産が全国に散らばって働いているわけだ。

私は、フロントも選手や監督と同様に、もっと〝転勤〟したほうがいいと思っている。私が柏支店から清水支店、名古屋支店と巡ってきたように、支店を回ると学ぶことが多い。

支店には、それぞれ違った事情があり、違った問題を抱えている。そうした問題を処理していくことで、仕事のノウハウに厚みが出る。どこの支店に行っても、柔軟に対応できる力が付く。

欧州のリーグではそういうことがよくある。有能なフロントは、その国の支店同士で奪い合いになる。強化担当者に限らず、営業担当でも財務の担当でも、力のある者は支店を回る。

日本でもＧＭが全国の支店をどんどん回る時代が来てほしい。だから、私は中央大学サッカー部の後輩でありアントラーズ一筋の鈴木満に「鹿島を出れば」と再三、言ってきている。たとえば、「故郷の仙台で新たなチャレンジをしてみたら」と勧めている。「それで仙台が強くなったら、おまえの力を認めてやる」と何度も話した。そういうことが頻繁に行われたら、日本サッカー界はもっと活性化する。

私は自分がいわば伝道師のようなものだと考えている。私の仕事は伝道師として、GMのあり方を全国に伝えることだと思っている。私の弟子が力をつけ、さらにまた弟子ができるというのが望ましい。私の手法でつくったチームが、他にもできて、グランパスと戦うというのもおもしろい。そうなったら、今度は私が他のクラブから学ぶことがたくさんできるかもしれない。

提言5――施設をもっと充実させよう

欧州サッカーはお客さんを大事にしている。スタジアムには観客が雨に濡れないように、しっかりと客席を覆う屋根がある。雪が降っても大丈夫。座席にヒーターが付いている所もある。VIP用のスイートラウンジが充実していて、スタジアムが社交の場になっている。客席はピッチに近く、サッカーの迫力が味わえる。

とにかくハード面が充実しているのだ。スタジアムが、まさに劇場なのだ。

それに比べて日本のスタジアムはどうかというと、屋根が不十分で、夏は暑く、冬は寒い。

飲食店も充実しているとは言い難く、陸上競技場であるところはピッチが客席からあまりに遠い。快適な空間とは言い難い。

10年末、日本は2022年のワールドカップ招致に失敗した。国際サッカー連盟（FIFA）の視察団がまとめたレポートのなかで、日本はスタジアムに問題ありと明記された。02年にワールドカップを開催したばかりで、ハード面には自信を持っていたはずだが、FIFAは日本のスタジアムにダメ出しをしたのだ。

レポートは、屋根が十分に掛かっていない、ラウンジが不足している、駐車場が足りない、アクセスが悪い、サッカー専用スタジアムでない、など数々の問題点を挙げている。世界のスタジアムはどんどん進化している。02年ワールドカップでは「可」だったスタジアムでは、もはや「不可」であり、ワールドカップを開催するにはふさわしくないものとなってしまっているのだ。02年のスタジアムは、予算などの関係で国体など他の大会の開催にも対応できるように建設したため、ほとんどが陸上競技場だったことが、あだとなったのかもしれない。

とにかく、日本のスタジアムはFIFAから低い評価を受けたのだ。その点を日本サッカー界は肝に銘じなければならない。Jリーグの発展にはハード面の充実が不可欠だ。ファンのために快適な空間をつくり、スタジアムを劇場にする努力を重ねていかなければならない。

Jクラブはもう一度、施設の充実に力を入れるべきだ。私が言う施設とはホームスタジアムのことだけではない。クラブハウスや練習場のことも指している。

前述したように、グランパスはいまクラブハウスの増改築の計画を進めている。名古屋市にあった事業部などの事務所も、豊田市のクラブハウスに移して、クラブのすべての機能を集約する。これによって、クラブの全スタッフが一体感を持ちやすくなり、クラブの哲学も共有しやすくなる。

やはり、すべてのスタッフがひとつの敷地内に集まり、選手の近くで仕事をするのが理想だろう。あまり話題にならないことだが、このあたりにもクラブの発展のカギがあると私は思う。


こうやって考えてみると、Jリーグ創設から20年がたつというのに、見過ごされている問題が多々ある。いずれもJリーグの根幹にかかわる問題だと思う。クリアしないと、Jリーグは現在の停滞から抜け出せないだろう。欧州のトップリーグとのパワーの差はますます広がり、辺境のリーグになってしまう。

もう一度、上昇・発展へと向かうために、サッカー界を牽引しているような方々が強力なリーダーシップを発揮して、思い切った改革を断行する必要がある。もしかすると、日本サッカー協会がもっと強いパワーを発揮することが、いま一番、求められていることなのかもしれない。

あとがき

プロサッカークラブのGMという仕事は、一年中途切れることなく続いてしまう。心身ともに休まるときがなく、時間が過ぎていく。意識的にスイッチを切って、「きょうから休み！」という期間を設けないと、次のシーズンに向けての気持ちの切り替えができない。

だから私は近年、1月10日からの10日間はオフと決めて、海外に出るようにしている。その間は電話にも出ず、リフレッシュに徹する。今年はオアフ島とハワイ島でのんびりと過ごしてきた。

身体の強さには自信を持って突っ走ってきたが、昨年11月19日に首を痛めてから長い間、苦しんだ。優勝争いの真っただなか、横浜F・マリノス戦が行われた日産スタジアムの屋内で濡れた床に足を滑らせて転んだ。実はその日、名古屋グランパスの関係者が私も含めて3人も転倒し、負傷した。グランパスに強烈な〝逆風〟が吹いていたわけだ。

私は頭を打ったわけではないが、病院でMRI検査を受けたところ、診断は何と頸椎損傷。

左腕が重くて仕方がないし、指はしびれているし、横は向けるが上は向けない。首を痛めたのは、現役時代に読売クラブ（現東京ヴェルディ）の小見幸隆さん（柏レイソル強化本部統括ダイレクター）に背後から強烈なタックルを受けて以来のことだなあと思い出した。

そして、私はこう思った。これはたぶん神様が「しばらく静かにしていなさい」というサインを送ってくれているのだろう、と。ハワイに渡った私は例年以上に力を抜いて、サビをきれいに落とそうと心掛けた。ワイキキのホテルのベランダで、波の音、風の音を耳にしながら、ダイヤモンドヘッドをぼんやりとながめた。ハワイ島では満天に輝く宝石のような星々に目を奪われた。

今後の人生についても考えた。いつかまた、別のクラブから誘いがかかれば、新天地に赴いて、そのクラブの改革・強化に携わるのもいいだろう。Ｊリーグ事務局に入って、各クラブを巡回し、フロント業務のノウハウをたたき込むのもいいだろう。

しかし、いつまでもバリバリと働けるわけではない。ハワイでの休暇中、私は自分のこんな老後の姿を思い浮かべた。ヨボヨボになった私はツエを突いて、自分が仕事をしてきたスタジアムに足を運ぶ。ロイヤルボックスに通してもらって、関係者の弁当を勝手にいただいて、自分がかかわったチームに枯れた声で声援をおくる。

私の夢はそんな老後を過ごすことだ。日立柏サッカー場、日本平スタジアム、瑞穂陸上競技場に豊田スタジアム。あやうい足取りで訪れるゆかりのスタジアムで、西野あたりと思い出話に花を咲かせながら、サッカーを見るのも愉しいだろうなぁ。

２０１２年３月

久米一正

幻冬舎新書 255

人を束ねる

名古屋グランパスの常勝マネジメント

二〇一二年三月三十日 第一刷発行

著者 久米一正

発行人 見城 徹

編集人 志儀保博

発行所 株式会社 幻冬舎

〒一五一−〇〇五一 東京都渋谷区千駄ヶ谷四−九−七
電話 〇三−五四一一−六二一一(編集)
〇三−五四一一−六二二二(営業)

振替 〇〇一二〇−八−七六七六四三

ブックデザイン 鈴木成一デザイン室

印刷・製本所 中央精版印刷株式会社

検印廃止

Printed in Japan ISBN978-4-344-98256-7 C0295
く-4-1

幻冬舎ホームページアドレス http://www.gentosha.co.jp/
*この本に関するご意見・ご感想をメールでお寄せいただく場合は、comment@gentosha.co.jp まで。